OHSAMA BUNKO

愛されてお金持ちになる魔法の言葉

佐藤富雄

三笠書房

はじめに、言葉があった。
言葉は神とともにあった。言葉は神であった。
すべてのものは、これによってできた。
できたもののうち、ひとつとして、これによらないものは、なかった。
（ヨハネによる福音書）

なぜ、あなたはこの本を手にしたのでしょう。
単なる偶然でしょうか。

私たち人間には、願いをかなえるために、
自分に必要なものを引き寄せる力が、備わっています。
今のあなたに必要な言葉がこの本の中にあるはずです。
この本を通して、言葉の持つ力とその使い方を知れば、
今、あなたがどんな状況にあろうとも、
望みどおりの幸せを手に入れられるようになります。

はじめに
――「魔法の言葉」があなたをもっともっと〝魅力的ないい女〟に変える

女性が充実した素晴らしい人生を送れるかどうかは、「自分の容姿にどこまで自信を持てるか」にかかっています。

客観的に見て美人かどうかは関係ありません。たとえ周囲はそう思わなくても、自分で自分を「魅力的ないい女」と思える女性ほど、何をしても物事がうまく運びます。恋愛、結婚、家庭、育児、仕事、人間関係、金銭面でも、思いどおりの人生を歩んでいけるのです。

さて、あなたは現在の暮らしに満足しているでしょうか。特に、恋愛関係と経済状態について、望みどおりの結果を出せているでしょうか。

あなたが心の中で、「私は魅力的ないい女」と思っているなら、きっとおおむね満足できるレベルに達しているでしょう。

もし不満があったとしても大丈夫。この本を読み、上手に活用していくと、本当にすごいことが起こります。それを一言で言うならこういうことです。

「魔法の言葉」で脳から生まれ変わり、「世界一のいい女」になれます。そして、これからの人生をぐんぐんレベルアップしていけます。

恋をしていなくてもお金持ちになることはできますが、ふだんの生活に恋のパワーと「魔法の言葉」が加わると、もっと愛されて、自分も彼も楽々と大金持ちになっていくことができるのです。

そう聞いて、ちょっと不思議に感じるかもしれません。大げさに感じる人もいるかもしれません。けれど、これは科学的に説明のつく真実です。言葉の持つ力によって、「こうなりたい」と思う自分に近づいていくことができます。「愛されて、お金持ちになる」女性へと変身していけるのです。


恋愛運にも金銭運にも見放されていると感じる。

恋愛には恵まれているけれど、いつもお金に不自由している。

お金はバリバリ稼いでいるけれど、素敵な異性との出会いがない。

恋もお金もそこそこだけれど、大満足はしていない。

そんな悩みを抱えて毎日を過ごしている人こそ、本書をどんどん活用してください。素敵な男性との出会い、素晴らしい恋、たくさんのお金、そして美貌。あなたがこれまで考えてもみなかった、ビッグな幸せを手に入れるチャンスです。

もくじ

はじめに――「魔法の言葉」があなたを
もっともっと〝魅力的ないい女〟に変える　4

Chapter 1

愛されて、お金持ちになるために
――誰も教えなかった真実

「自分はいい女」と信じるだけで、すべてが変わる　16
どこまでキレイになればいい？　19
「私」を大好きになったとたん、愛され始める不思議　21
なぜ容姿にこだわるのか　23
「つぶやく」だけで願いはかなう　24
あなたの人生を邪魔している「コンプレックス」の正体　26

Chapter 2

愛される理由

本物の恋を見分けるコツ　32
男が本能的に惹かれる「女性の美しさ」とは　34
なぜ、結婚願望が強すぎると、結婚が遅くなるのか　36
勝手にセクシーになっていく！「ときめき」の魔力　38
恋に恵まれている女性はセックスをどう考えている？　39
行く先々で「ちょっと素敵な男性」に出会う秘訣　43
なぜ同じ失恋パターンを繰り返すの？
――「恋のトラウマ」からの抜け出し方　44
感動したことは、必ず人に話す
――「幸せな結末」に近づくために　46

Chapter 3

お金にも愛される理由

なぜ彼女にお金も仕事も津波のようにやってくるのか　52
お金を引き寄せる女性に共通する「二つの条件」　55
「目標一億円」では、お金が貯まらないのは、なぜ？　58
欧米の成功者は、「この能力」を重視している　60
自分をほめて、ほめて、ほめて、ほめまくると……　63

Chapter 4

恋とお金の不思議な法則
――恋がお金を引き寄せる

恋をすると面白いほどお金が寄ってくる　70
ダイエット、プラス頭が良くなる効果も　72
「恋のパワー」の正体　75

なぜ、恋をすると大きな夢が持てるようになるのか 78
恋ができない女性は、いい仕事ができない？ 81
「恋のパワー」であなたの人生は、こう変わる 84
スピード結婚じゃもったいない理由 87

Chapter 5

あなたの中にある「勝ち組遺伝子」が目覚める

どんな恋も財力も引き寄せる〝勝ち組遺伝子の力〟 94
勝ち組遺伝子をＯＮにする方法 97
勝ち組遺伝子の天敵――ストレスの撃退法 99
誰でも「落ちこまない人」になれる良い方法 100
とほうもない夢、大それた夢こそ、実は見込みがある 101
なぜ、あの人だけはつまずかないのか 104
人の幸せを願うと、「あなたが幸せになる」理由 106

Chapter 6

願いがかなわない人の共通点

「幸せのキーワード」を拒否してませんか　109
「人生の悪循環」にはまってませんか　112

Chapter 7

「いい男」の条件

なぜ、「生理的に受けつけない人」がいるの？　116
夢を語れない男、人の夢を否定する男は？　119
お金持ちになろうとしない男、ワリカン男は？　121

Chapter 8

すぐに効く、魔法の言葉

「世界で一番いい女」に変わる〝最初の一言〟 126
とびきりの男との出会いを引き寄せるために 130
「出会い」の前にしておくべきこと 134
「愛される私」のイメージはこうして植えつける 138
どうすれば、うまくイメージできるようになる？ 140
「脳内デート」で最高の彼とのデートを実現する 142
勝ち組遺伝子が目覚める言葉 144
理想の将来を実現させる「アファメーション」 145
自分をほめ、他人をほめ、なりたい自分になる言霊《ことだま》パワー 148
恋もお金も引き寄せる〝プラスの口ぐせ〟 150
成功する人が、眠る前に必ずしている習慣 152
不安が浮かんだら、この言葉 156

失恋から立ち直る一番の方法　158

Chapter 9

「いい男」の育て方

男が夢を語ったときは、とにかく共感！　163
男を成長させる「魔法の言葉」　165
ベッドで彼とお喋りしておきたいこと　168
三度に一度はこれ！　夢をかなえるデートコース　169

Chapter 10

男をとりこにするコツ、女を上げるコツ

いい男ほど女性の素敵な告白に弱いって本当？　174
いい男に、三倍好きになってもらう秘訣　176

男をいつも「ほんの少し」だけ欲求不満にさせておく　178
セックスの前後は、ふたりでこのサプリメントを　179
男は「こんな愛」に飢えている　181
愛され続けるための絶対条件　183

おわりに――あなたも絶対、「恋とお金の勝ち組」になれる！　186

書き込み式
『愛されてお金持ちになる』ノート

恋愛力　診断テスト
――あなたの「恋を引き寄せる力」はどれぐらい？　48
お金・仕事力　診断テスト
――あなたの「お金・仕事を引き寄せる力」はどれぐらい？　66
夢をかなえる未来日記
――理想の未来を決めると、夢が実現の軌道に乗る　90

最高に魅力的ないい女にふさわしい「とびきりの男」の条件 133
脳を「恋愛モード」に切り換える言葉と行動 136
脳を「お金持ちモード」に切り換える言葉と行動 137
恋とお金を引き寄せる「アファメーション」 149
愛とお金を引き寄せる「まくら言葉」 155
不安を打ち消す「毒消し言葉」 159
彼を成長させる魔法の言葉 167
彼に語らせたいビッグな夢 171

Chapter 1 愛されて、お金持ちになるために ——誰も教えなかった真実

「自分はいい女」と信じるだけで、すべてが変わる

同じ女として生まれながら、どうして「楽々と幸せになってしまえる人」と「どれほど頑張っても幸せになれない人」がいるのだろう。

あなたは、そう考えたことはありませんか。

いつも男性からチヤホヤされて、恋愛、お金、仕事も思いのまま。なぜかその人だけは決してつまずかない。結婚して子供を産んでからも、いつ見てもキレイで裕福そうで、まさに幸せいっぱいの様子。いったいどんな方法でツキを呼び寄せているのだろうと、誰もが羨ましがる。そういう恵まれた女性は、ごく少数ですが確実にいます。

そのいっぽう、やっとつかんだ恋に舞い上がってしまい、今では安月給の夫に愛もお金も尽きかけているような人もいます。ちょっと見ぬ間にやつれ果て、同年代の人よりぐっと老けて見える。本当に残念なことですが、「人生の幸福度が低い」としか言いようのない女性というのは案外多いのです。

何でも手に入れられる人と、そうでない人。その違いを生む原因はどこにあるのでしょうか。

「それがわからないから苦労している」「それさえわかれば、人生は面白くてたまらないものになるのに」と思っている方、私があなた方の父親になりかわって、男とお金に好かれる方法を教えましょう。そして、最高の人生を手に入れる方法を具体的に伝授していきましょう。

実は、答えはとても簡単なことなのです。一言で言うなら、「富める者はさらに富み、奪われる者はさらに奪われる」ということです。

ではいったいどうすれば「奪われる者」から「富める者」へと自分を変えていけるのか。そもそも、富とは何か。どんな富を持てば、もうこれ以上奪われずに済むようになるのか。そこが重要なポイントです。

さあ、あなたの人生を大きく変える大事なことを教えましょう。

まず第一に、女性が身も心も満たされて本当に幸せになっていくためには、うんと素敵な恋とたくさんのお金が絶対に必要です。どちらか片方だけで幸せになっていくことはできません。

また、両方ともそこそこのレベルで留まってしまうと、ほどほどの幸福しか手に入れることができません。絶えずどこかに不満がつきまといます。

第二に、うんと素敵な恋とたくさんのお金、大きな幸せを手に入れるためには、自分の容姿への強い自信があることが絶対的な条件となります。いや、**客観的に見て絶世の美女というわけではなくてもいいのです。**自分で自分を「私は魅力的ないい女」と思ってさえいれば、誰でも本当に「世界一のいい女」になっていくことができます。

その自信があるから次々といい男にだけ出会える、お金も仕事もうまくいく、人生を思いどおりに開いていける。これはちょっと意外に思われるかもしれませんが、まさに現実そのものです。

つまり、女性が何よりもまず手に入れるべき「富」とは、容姿への自信なのです。

「奪われる者」から「富める者」へと自分を変えていく最大のポイントは、「私は世界一のいい女」という強い思い込みを持つことなのです。

ひとたびその自信を確立してしまえば、誰もあなたから何も奪うことができません。あなたは「富める者」として、さらに富を増やしていくばかりです。恋もお金もどんどん呼び寄せ、いやでも幸せになっていける体質に変わります。

どこまでキレイになればいい？

女性の人生と美容整形手術の関連について、とても興味深い話があります。マクセル・マルツ博士という、世界的に有名な形成外科医が、数多くの臨床例から解明した事実です。

美容整形の手術を受ける女性たちは、自分の容姿に何らかのコンプレックスを抱いている、と博士は言います。「私は不器量だ」という強い思い込みを持ち、「自分のここが嫌い」「だから、自分が好きになれる顔にしてほしい」と言ってくるのです。

これが手術を受けることによって、「こうなりたいと思う自分」へと近づきます。「私は自分の好きな容姿を手に入れた」とほとんどの女性が納得して帰っていきます。

こうして長年にわたって女性たちの美容整形に携わるうち、博士はある興味深い現象に気づきます。

具体的に言うと、それまでは暗い性格で引っ込み思案だった女性が進んで人の輪の中に飛び込んでいくようになり、意中の男性と交際するまでに変化していきました。スッと伸びた姿勢、歩き方やちょっとした仕草にも、美しさへの自信があふれています。

また、仕事でめきめき頭角をあらわしたり、誰もが羨むような結婚を果たしたりする女性が続出しました。経済的にぐんぐん豊かになっていく女性ばかりです。

しかし、わずかですが例外もありました。「高いお金を払って手術を受けたのに、容姿はちっとも変わっていない」と不満を抱いた女性たちです。その女性たちは、以前にも増して強いコンプレックスを抱くようになったと言います。

さらに面白いケースもありました。ある女性は、ごく簡単な美容整形の手術を受けたということです。今で言う「プチ整形」のようなもので、周囲の人は誰ひとりとして、「彼女は手術を受けた」と気づかなかったほどです。にもかかわらず、その後の彼女は自信にあふれ、人生は良い方向へと劇的に変わっていったのです。

ここから、マルツ博士はこう考えました。

「整形手術が成功した女性の人生が好転したのは、容姿の変化のためだけではない。『自分の容姿は変わった』と本人が思い込んだ結果生まれた、新しい自己像が人生を好転させたのだ」

「だったら整形手術は必ずしも必要ではない、自己像を変えるのにメスは要らない」

その後、マルツ博士は形成外科医をやめて自己像形成の研究に打ち込み、サイコサイバネティックス理論という独自の学説を打ち立てました。

さて、もう理解できたでしょう。女性の人生を好転させていくのは、容姿そのものの美しさではないということです。それよりも、自分が自分のことをどう思っているかという「自己像」が成功のカギを握っています。自分自身が「前よりキレイになった」と思い込めれば、人生は大きく変わっていくのです。

「私」を大好きになったとたん、愛され始める不思議

「〝私は魅力的ないい女〟と思い込むと、世界一のいい女になっていける」

「容姿に自信があるから次々といい男にだけ出会える」

まず、ここから詳しく解説していきましょう。

一番大切なポイントは、自分が自分を「魅力的ないい女」と思えるかどうかです。他人と比べる必要など少しもありません。

生まれつき美人か否かも、問題ではありません。人がどう見ているか、どんな判断を下しているかも、まるで関係ありません。要は、その人自身がどう思っているかがすべてなのです。

「私は魅力的ないい女」と思える人というのは、間違いなく自分のことが大好きです。これは、うぬぼれが強いナルシストというのとは、ちょっとニュアンスが異なります。つまり、長所も欠点もしっかりと自覚したうえで、自分という存在をすべて認めているから自分を大好きになれるのです。

自分を認めているから他人のことも認められる。自分を愛しているから人を愛せる。

これは大切なポイントですので、よく覚えておいてください。

その反対に、心のどこかで自分を嫌っている人は、自分に魅力があると信じることができません。自分を認めることができないのです。本当は美人で実際にモテているのに気づかない人は、この典型的なタイプです。

自分自身が持っている長所や魅力に気づかずにいる曇った目の持ち主は、やはり他人のことも認められません。長所より短所にばかり目がいってしまい、誰とつきあっても不満が残り、より良い恋愛関係に発展させることが難しくなります。

容姿への自信が女性の幸・不幸を決定する、とはそのことです。

なぜ容姿にこだわるのか

なぜ容姿にこだわるのかと言うと、特に女性の場合は、容姿が自分に対するイメージをつくる根っことなっているからです。

たとえば、自分の笑顔に自信があれば、いつもニコニコして周囲から愛されている姿をイメージするのは簡単です。ところがいくら素敵な人でも、自分の笑顔が嫌いだったら、ニコニコ笑顔をふりまいて愛される自分の姿を想像することができません。

また、本当は魅力的で美しい脚を持っているのに、本人が「太くてカッコ悪い」と思っていれば、モデルになることを夢見たり、ミニスカートをはくなど思いきったオシャレをしたりすることができません。海に行こうと誘われても、水着姿を見られたくないばかりに、断ってしまうこともあるでしょう。脚に自信がないからと、人前に出ることを避けたり、出無精になってしまう場合もあります。

すべてが、この積み重ねなのです。

「つぶやく」だけで願いはかなう

人間は頭で考えたとおりに行動を起こしますから、思い込みが強ければ強いほど、それが行動にもあらわれます。裏を返せば、思い込みを変えることによって、あらゆる行動や人との接し方が変わっていきます。性格さえも変えることができ、まったく違う自分をつくることができます。

女性の場合は、容姿への自信が、恋愛だけでなく、勉強、仕事、結婚、子育て、人間関係など、すべてにわたって多大な影響を及ぼしています。

自分が自分について思い描くセルフイメージ（自己像）が自信にあふれていれば、それに伴って行動も力強いものになり、人生を切り開いていくパワーを生み出すのです。

そこでお勧めしたいのは、毎日時間をかけて鏡の中の自分と向きあうことです。鏡を見続けることで、自分の顔がますます好きになっていきます。すると、表情にも変化が起こり、どんどんいい顔になっていけます。

あなたの魅力の最大の理解者は、あなた自身です。まず自分自身と仲良くしてごらんなさい。好きなところも、少しだけ気に入らないところも、すべて「これでいい」と肯定してごらんなさい。そして、

「私は、なんてチャーミングないい顔をしているんだろう。これならきっと誰からも好かれる」

と口に出して言ってごらんなさい。早ければ三日、遅くとも一カ月後には、必ず自分が言ったとおりの自分になっているはずです。

大事なのは、実際に口に出したり、紙に書いたりすることです。

言葉は、音や文字として形にあらわすことによって力が宿り、不思議と願いをかなえていくのです。

最初は恥ずかしいと感じるかもしれませんが、思いきって言ってみましょう。

この効果を応用して、「いい男にだけ出会う自分」をつくっていくことができます。

なかなか恋ができなかった人。好きになる男性のタイプが決まっていて、いつも同じようなパターンで失恋を繰り返している人。好きになるタイプと好いてくれるタイプが一致しない人。そういう人こそ、ぜひこの方法を使ってください。

「私はすごくいい女。だから、すごくいい男に次々と出会える」

「やさしくて力持ちで、頼りがいのある男性に好かれる」

「能力のある男ほど私に夢中になる」

というように、自分が求めているものを言葉にしていくのです。何度も口にすることで、こうなりたいと思う自分になっていくことができます。

セルフイメージ（自己像）が更新され、出会いや恋愛における「成功のプログラム」が脳に植えつけられるからです。

あなたの人生を邪魔している「コンプレックス」の正体

自己像というのは、自分の容姿に対する思い込みばかりではありません。性格、好き嫌い、得意なことや苦手なことなど、「自分はこんな自分である」と思っているイメージ全体が自己像を形成しています。

その自己像が、現在のあなたの姿を決定しています。たとえば、顔の表情、姿勢、話し方、歩き方にも、あなたの自己像が反映されています。あなたが無意識のうちに、自分にふさわしいものはこれだと選び取っているからです。

また、あなたが着ているもの、食べているもの、乗っている車、住んでいるところ、仕事、収入、人間関係、健康状態さえ、あなたの自己像とぴったり一致しているはずです。

ですから、人生を変えていこうと本気で望むなら、何よりもまず自己像を変えていくことが先決です。一度でき上がってしまった自己像も、あなた次第で何度でも選び直すことができます。

それでも、「私は私、変えようがない」という人は、ちょっと考えてみてください。その思い込みは、はたしてどこまで真実なのでしょう。

「自分は美人じゃない」「異性から好かれない」「仕事の能力も劣っている」という、ひとつひとつの思い込みも、少し突っ込んで点検してみると、答えは違ってきます。

つまり、自分はそう確信していても、本当は一方的な思い込みに過ぎない、という場合がとても多いのです。なぜなら、ことあるごとに自分で自分を否定するような言葉を口にし、その言葉に支配されているからです。

また、他人の言葉からも強い影響を受けています。

私の知り合いのある女性は、まだ五歳の頃に親がふざけて言った「可愛くない顔ね」という言葉にひどく傷つき、成人してから後もずっとその傷を引きずっていました。そのため彼女は、何をするにしても消極的な行動をとるくせがついてしまっていました。

けれど、他人がどう言おうと、確かな根拠におよそ乏しく、その人が勝手にそう思い込んでいるだけなのです。

たとえ親が「お前の顔は可愛くない」とからかったとしても、本人が真に受けたりせず、「私は自分の顔が気に入っている。私は可愛い」と思っているなら、その人は「可愛い顔のチャーミングな女性」として生きていけます。

それが、思い込みの実態なのです。あなたは、何かの拍子にふと感じたことを、あたかも確信のごとく思い込んでいる。なぜ思い込んだのかと言うと、「自分は美人じゃない」「異性から好かれない」「仕事の能力も劣っている」というように、自分を否定するような言葉を何度も口にしてしまった結果なのです。

自分を否定する言葉は悪い思い込みを強め、自分に呪いをかけるようなものです。

そうした言葉は一切禁句とし、「私は魅力的ないい女」「異性から好かれる」「仕事もできる」というように、自分を認める言葉を口ぐせにしてみてください。

そして、たとえ何の根拠がなくても、「自分はきっと豪邸に住む」「理想の人と出会って結婚する」「どんどん幸せになっていける」、と言葉にしていける人には、必ずその目標を達成していく力が宿ります。

繰り返しになりますが、口に出す言葉が現実と食い違っていても、それほど問題ではありません。肝心なのは、「こういう自分になりたい」「こんな生き方がしたい」とどこまで具体的に思い描けるかです。

そのイメージが脳に伝わると、あらゆることがスムーズにいくようになります。私たちの脳の中にある「自動目的達成装置」（オートパイロット）（詳細は58ページで解説）がはたらいて、思い描いている自己像のとおりの自分を現実のものにしていくからです。

Chapter 1
覚えておきたい価値ある知識

Point

- 女性が本当に幸せになるには、素敵な愛とたくさんのお金が必要です。
- 素敵な愛とお金を手に入れるには、自分の容姿への強い自信が絶対に必要です。
客観的な美人でなくてもいいのです。
自分自身がそう思えればいいのです。
- 人生を好転させる〝カギ〟は、自分が自分をどう思っているかという「自己像」です。
顔にメスを入れれば必ず容姿に自信がつく、幸せになれるというわけではないのです。
- 自分の長所と同じように、些細《ささい》な欠点も愛してあげましょう。
それができるようになったとたん、あなたは愛され始めます。
- 毎日鏡を見て、そこに映っている自分をほめましょう。
自分で自分をほめることで、自分という存在を丸ごと認めていけるようになります。そしてどんどん美しくなっていけます。
- あなたがもし、「自分は可愛くない」などと否定的な思い込みを持っていたとしても、それはあなたが悪いのではありません。他人の言葉から影響を受けた結果です。ただ、自己像を変えられることを知った今、この先、どういう自己像を選ぶかは、あなた自身が決めることです。

自己像は、あなた次第で何度でも選び直すことができます。

Chapter 2

愛される理由

本物の恋を見分けるコツ

深く愛されて幸せになっていくには、心から愛しあう価値のある男性に恋をすることが先決です。そういう価値や魅力を感じさせ、ときめきをおぼえる人でなければ、ただ「愛されたい」「幸せになりたい」と願っても、良い結果は得られません。

また、ものには順序があります。あなたが深く愛されて幸せになり、より良い人生を送っていくためには、心を大きく揺さぶられるような本物の恋と、ただの恋とを見分けることが、まず何よりも重要です。

本物の恋には、「美」と「自信」と「夢」を引き出す力があります。「本物の恋が美を引き出す」というのは、誰でもスッと理解しやすいのではないかと思います。実際ほとんどの女性が、「恋したとたんオシャレがしたくなる」「どんどんキレイになっていく」という体験をしているでしょう。恋というものは、その人の内にもともと備わっている美しさを引き出すパワーがあるのです。

それでは、自信と夢は?

あなたの恋は「自分はいい女だ」という自信を与えてくれていますか。「彼と一緒にこんなことがしたい」「将来はこんなふうになっていきたい」という夢を引き出していますか。

もし引き出せていないのなら、その恋はパワーが不足しています。おそらく、本物の恋ではないのでしょう。選んだ相手が間違っているのかもしれません。あるいはあなた自身の準備がまだ整っていないのかもしれません。しかし、いずれにしても、これからいくらでも本物の恋に出合っていけます。そのために必要な準備の仕方も後でお教えしていきますので、今は焦らずに順を追って理解していきましょう。

恋が本物か本物でないかを見分けるための基準は、「夢を引き出すパワー」です。本物の恋なら、あなた自身も気づかなかった夢を心の底から引き出してきます。

「私は本当は、自分の会社を興したかったんだ」「デザインや絵の勉強をして個展を開きたかったんだ」というように、未来への大きな夢が見つけられる恋なら、かなりのパワーがあります。恋によって、あなた自身のパワーも増しています。それこそまさに、恋が本物である証拠です。

本物の恋をして、夢を発見した女性ほど強いものはありません。美の加速度がつきますし、夢を実現するスピードも速まります。「こんなにうまくいくのは、彼にも夢にも愛されている証拠だ。だから誰が何と言おうと、私はものすごい魅力を持ついい女なのだ」というように、絶大な自信がごく自然と引き出されていくのです。

男が本能的に惹かれる「女性の美しさ」とは

自分の容姿をすべて受け入れ、肌のお手入れやオシャレにも前向きに取り組み、「私は本当にいい女だ」と満足している女性ほど、円満なセルフイメージを抱くことができます。また、そういう女性に限って、身体の内側からキラキラと輝いています。いわゆる美人顔か、そうでないかということはまったく関係がないのです。それよりも、心の内側から輝くものがあるかどうかが男性を惹きつけるうえで重要なのです。

そう聞いて、「心の内側は目に見えない。もっと強く異性にアピールできるものがほしい」と考える人もいるでしょう。しかし、人間というものは、あなたが思っている以上に、心の内側を見抜くものです。

「彼女と話していると、とても楽しい」

「一緒にいるとなぜか安心できる」

そう感じさせてくれる女性に、男性は思わず近づいていきたくなるものです。顔やスタイルの良さに関係なく、その人の内面の豊かさに惹きつけられるからです。心の輝きを映し出す笑顔、落ち着いた話し方などから、相手を受け入れる余裕とやさしさを敏感に感じ取っているのです。

そのほかにも、男性が女性の美しさや魅力を敏感にキャッチする場面はたくさんあります。本人も意識していないようなふとした瞬間に、男性をドキッとさせるような魅力があふれ出てくることがよくあります。

男性に与えるその一瞬の感動は、すべてを変えてしまいます。それまでは「さほど美人じゃないな」と思っていても、とたんに「いい女」に見えてきて、その後はずっと「いい女だ」というイメージを持ち続けるようになるのです。

ですから、無理に「自分はこれほどいい女だ」とアピールするよりも、ごく自然にゆったりと構えて、心の内側から輝くことが大切です。それができないのは、まだ本当の自信を持てずにいる証拠です。

輝きへの第一歩は、他人の評価ばかり気にせず、自分を信じることからスタートします。「自分を信じる」ということは、「自分の信念を持つ」ことです。

「私は自分が大好き。だから自分を大切にして生きる」
「私に不幸は似合わない。いつも幸せで、もっと幸せになっていく」

と本気で考える人は、その信念に基づいた素晴らしい人生を歩んでいけます。

なぜ、結婚願望が強すぎると、結婚が遅くなるのか

「収入がいいから」「学歴が高いから」という理由で人を好きになるのは、本当の恋ではありません。そんなことにはまるで関係なく、無条件で人を好きになってこそ、恋の醍醐味や愛の喜びが味わえます。

そういう素晴らしい恋をして結婚につながったとしたら、これ以上はないほどうれしいでしょう。そして、その結婚は、きっとうまくいくでしょう。

けれど現実は、すべての恋が必ず結婚に至るわけではありません。

結婚は、ふたりの共和国をつくる決心から始まります。ふたりの生き方や条件などが一致してはじめて成り立ちます。ですから、条件が合わず、結婚する理由やメリットがないのなら、そのまま恋愛関係を続けていけばよい、と私は考えています。

「恋愛と結婚は別のもの」と納得し、いい恋愛の経験を積んでいくほうが男も女も成長します。また、いい恋愛ができる人ほど、いい結婚ができるものです。

逆に、「結婚できそうな人しか好きにならない」というように、結婚願望にとらわれていると、素敵な恋に出合えません。

なぜなら、そういう人は恋を求めているのではなく、結婚を求めているからです。間違ったものをほしがっていると、いつまで待っても願いはかないません。その結果、かえって結婚のチャンスも遠ざけてしまいます。

もちろん、「結婚したい」という欲望を持つのは悪いことではありません。けれど、もっと幸せになりたいと望むならあなた自身がまず、無条件で人を好きになれる自分に変わっていくことです。

「相手が好きになってくれたら自分も好きになる」という臆病な愛し方ではなく、「愛されるより愛したい」と言えるだけの強い心を持ちたいものです。そうして自分の愛を出し惜しみしない人のもとには、放っておいてもたくさんの恋と愛が集まってきます。

勝手にセクシーになっていく！「ときめき」の魔力

ワクワクするような楽しいことに夢中になっていると、脳は快楽ホルモンを分泌します（詳細は73ページで解説）。これも、あなたを内側から輝かせます。

中でも絶大な効果があるのは恋愛です。**実際の交際に発展しなくとも、異性に対してときめくだけで、ホルモン系の流れが大きく変わります。**片思いの恋だとしても、肌や髪、目の輝きが一段と増します。そうした外見上の魅力は異性を惹きつけずにはおきません。

「美人は美人としてふるまうから、さらに美人になっていく」のと同じで、「恋をした女性はキレイになり、ますます恋のチャンスに恵まれる」というわけです。

もうひとつ、すごいことが起こります。色気やセックスアピールが増すのです。恋をしてホルモン系の流れが変わると、性腺刺激ホルモンが活性化します。そうした身体の内部の変化は、心と身体にダイレクトに反映されます。

こうなると、内面からにじみ出る輝きと身体が発する性的魅力の両輪パワーで、黙っていても異性を惹きつけずにはおきません。彼がヤキモチを焼いてしまうほどモテて、あなたはさらに自信を強めていくはずです。

「私はセクシーで魅力がある、だから男性を惹きつける」

と思えるようになると、放っておいても異性が集まってくるようになります。容姿への自信は、自分の性的魅力を確信することでパーフェクトなものとなります。

恋に恵まれている女性はセックスをどう考えている？

自分を「いい女」だと認め、性的な魅力があると確信している女性は、性に対しても適度にオープンです。男性に性的な関心を示されたり、口説かれたりした場合にも、ガチガチの拒絶反応を示すようなことはありません。そして、そういうおおらかさを持った女性ほど、さらに「いい女」に成長していきます。

しかし、ここが難しいところです。ほとんどの女性は無意識のうちに、性の領域に強固な意識バリアを張っています。

「結婚を前提とした人でなければセックスはしない」

「誰とでもすぐ寝る女と思われたくない」

そう考えるのはもっともです。けれど、必要以上にバリアを張りめぐらせている女性も多いのです。そうなると、本物の恋が近づいてきても、気づくことができません。

「本物の恋と出合うためにも、不本意な相手に近寄られないよう、バリアを張って自分の身を守っている」

という人もいるかもしれません。けれど、よく考えてみると、実は何かほかのものから自分を守っているのかもしれないことに気づくでしょう。

バリアを張るのは、利害が先に立つからです。この場合の利害とは、「寝るからには、私を一番好きになってくれなきゃダメ」とか、「結婚してくれるのでなきゃイヤ」といった思いのことです。ですから、素敵な男性と出会い、意気投合して、本心では

「この人と深い関係になりたい」と感じているのに、「傷つきたくない」「捨てられるのはイヤだ」「利用されて終わるのではないか」というように、自分の勝手な思い込みに支配されて、それが的中してしまう恐れから自分を守っているに過ぎない、ということが、ままあるのです。

また、別の角度から言うと、物事を悪いほうにばかり解釈していると、その悪い予期が現実化してしまう確率が高まるいっぽうです。不安や心配が不幸を呼ぶ、予期したことが現実に起こる、というのは本当です。科学的な証明もなされています。

そうした考え方のくせや性意識のバリアを破るには、勝手な思い込みや悪い予期を捨て去ることです。凝り固まっていた脳をときほぐし、新しい回路をつくっていくことです。そして、閉鎖系だった脳を開放系にしていくことが重要です。

では、具体的にどうすればよいのでしょうか。

確実な効果を得るには、次のような魔法の言葉を使うとうまくいきます。

「私は本当によくモテる」

「男は信用できる」

「私という女は恵まれている。いつもいいことばかりが起こる」
「男性は私に喜びを与えてくれる。私も男性に喜びを与えられる」

というのを口ぐせにしてみてください。ただ頭の中で考えるのとは比べものにならない効果があります。**最初は、本心から言えなくても構いません。何度も口にしているうちに、脳が言葉の意味を読み取って、新しい回路を開いていきます。**私たちの意識は、もともと言語によってつくられているからです。

自分で自分の意識に限界をつくらず、どんどん新しい回路を開いていくと、一切の障害をなくすことができます。「恋をしたいと強く願うと、それにふさわしい相手と出会う。そして、一瞬で恋が始まる」というように、まるで映画や小説のような、いやそれ以上にドラマチックな展開があります。それは、あなたが自分のほしいものを自覚し、手に入れたいと望み、準備し、行動につなげていけるようになったためです。

いつも恋をしてキラキラと輝いている女性は、無意識にこの「魔法の言葉」を活用しているのだと思います。あなたも、さっそく「魔法の言葉」を口ぐせにしてください。本来、恋も性もあなたを傷つけるものではありません。むしろ逆に、あなたを楽しませ、美しくし、ますます自信を与えてくれるものです。

行く先々で「ちょっと素敵な男性」に出会う秘訣

自分がどんな男性を望んでいるのか、どんな恋愛をしたいと願っているのかなど、自分のほしいものをはっきりとつかんでいきましょう。それがわかると、大脳に備わるRASという器官がはたらいて、あなたが無条件で好きになれる「いい男」を見つけ出します。

このRASというのは、自分が求めているものを見つけ出す高感度アンテナのようなものなのです。つまり、**自分の好むものや関心のあるものはRASの選別機能フィルターを無条件で通過し、好まないものや関心のないものはRASによってはじき出され、意識の中に入れないという仕組みがあるのです。**

たとえば、転居するとか家を買う計画をひとたび持つと、それまではことさら意識しなかった不動産情報がまるで洪水のように目の中に飛び込んでくるようになります。

あるいはまた、ダイエットをした経験のある人ならよくわかることでしょうが、テレビCMのほとんどが食べ物関係のものだと思えてきます。事実はそうでなくても、空腹感が食べ物に関する情報をことさら選択して意識の中に取り込むため、そう思えてしまうのです。

理想の男性はこうだと決めてRASのアンテナが立ち上がると、行く先々で「ちょっと素敵な男性」に出会えるでしょう。RASは、自分が求めている情報だけをどんどん拾い集め、それほど必要としていないものは決して拾おうとしないからです。

次第に目が慣れてくると、「ちょっと素敵」「かなり素敵」「ものすごく素敵」を見分けられるようになります。「ぜひ恋人にしたい、いい男」を見極めることもできるようになります。

そういう相手に出会ったなら、ためらわずに接近していきましょう。結婚のことなど忘れて恋に突進するほうが、むしろ結婚の可能性は高まります。

なぜ同じ失恋パターンを繰り返すの?——「恋のトラウマ」からの抜け出し方

「好きになるタイプと好いてくれるタイプが一致しない」

「なぜか悪い男にばかり恋してしまう」

そういう女性はたくさんいます。みなそれぞれに魅力的でいい女なのに、いつも同じようなパターンで失恋を繰り返している、というケースが多いのは、はたから見ていても本当に残念でなりません。

しかし、そんな「恋の負けぐせ」も、自分次第で返上することができます。二度と同じ失敗を繰り返さないよう、「失敗のプログラム」を消してしまえばいいのです。「失敗のプログラムを消す」というのは、過去を否定して、なかったことにしてしまうという意味ではありません。

その反対で、過去のことはすべて肯定し、「私もずいぶん楽しんだ」「いい思い出になった」と認めてあげます。そして、失敗のプログラムに支配されていた脳に栄養を与え、「成功のプログラム」を植えつけていくのです。

恋のトラウマから抜け出すには、これしか方法はありません。たとえて言うなら、自分で自分の病気を治してしまうのです。早く病気を治したいと思っている人ほど快復が早いものです。逆に、病気をしている状態を受け入れてしまうと、いつしか本物の重症患者になってしまいます。

その良い例が、「いつか恋人に捨てられるのではないか」と、そればかりを心配し続けている人です。そういう人は、せっかく順調に運んでいる恋も自分から破壊し、捨てられる可能性をわざわざ育んでいることに気づいていません。こうなってしまう前に、早く方向転換をはかりましょう。

感動したことは、必ず人に話す——「幸せな結末」に近づくために

「成功のプログラム」を脳に植えつけるには、幸せな結末だけを考え、その考えを言葉にしていきます。たとえば、「恋人は裏切るもの」という誤った思い込みがあるのなら、「私の恋人は誠実だ、信用できる」と口に出して言ってみる。「愛も幸福も長続きする」という言葉を頻繁に使っていく。そこにお金への希望をからめて、「裕福な未来が待っている」と言うのも効果的です。

また、リッチな世界を描いた恋愛小説などをたくさん読み、その感動を人に向かって語ることをお勧めします。大切なのは、読んで感動するだけでなく、人に向かって話すことです。

その理由は、あなたが言葉にすることによって、脳に「成功のプログラム」が植えつけられていくからです。もっと言うと、あなたの言葉を受け取る**脳の自律神経系は、現実と理想の世界の区別をしない**からです。本人が語ったことはすべて、現実に起きていることとして受けとめるのです。

そしてまた、**自律神経系は時や人称の区別をしません**。過去のことであっても、未来のことであっても、あなたが語る言葉を全部、今ここで本当に起きていることとして受けとめます。自分以外の誰かについて語っているときも、すべて自分自身のことになってしまうのです。

ですから、「小説の主人公である美女が運命的な恋人に出会い、アメリカとヨーロッパを行き来しながらデートを重ね、数々の困難を克服してハッピーエンドを迎える」、そう語っていても、脳の自律神経系は、あなた自身のストーリーと受けとめています。「あの場面が良かった」「私もあんなふうに愛されたい」と語るなら、「そうか、あの感動をもう一度体験したいのだな」と、脳が動き出していくのです。するとあなたの意識が変わり、行動も変わっていきます。幸せの結末、リッチな未来だけに近づいていけるよう、やることなすこと、すべてがコントロールされていきます。

恋愛力 診断テスト
あなたの「恋を引き寄せる力」はどれぐらい？

いつも素敵な彼に囲まれている彼女の頭の回路はどうなっているのか？

彼女たちが日頃頭に描いていることや行動をもとに、あなたの「恋を引き寄せるパワー度」をチェックするリストをつくりました。

当てはまるものに✓をつけてください。

- [ ] 自分の顔が好き
- [ ] しょっちゅう鏡を見ている
- [ ] 毎日メイクする
- [ ] メイクの腕に自信がある
- [ ] ちょっとの外出でもオシャレする
- [ ] 華やかな色やデザインの服をよく着る
- [ ] ときには思いっきりセクシーな格好もしてみる
- [ ] エクササイズなどで体のラインを整えるよう気をつかっている
- [ ] 自分は「魅力的ないい女」だと思う

□ 私とつきあえる男性は幸せだと思う

□ 街を歩いているとき、いい男がいると目がいってしまう

□ デートに誘われたら、よほど嫌いな相手じゃない限り行ってみる

□ 自分から愛を告白したことがある

□ 過去の恋愛は、すべて今の私の肥やしになっている

□ 親友に素敵な彼ができたら、心からおめでとうと言える

□ 将来、こんな彼とつきあいたい、結婚したいという理想がはっきりしている

□ 気になる男性がいると、ついその人とデートしているところを想像してしまう

□ 男はみな私と恋をしたがっていると思う

□ 物語は、ハッピーエンドが好き

□ デートの相手に困ることはない

診断結果　さあ、いくつチェックがつきましたか。

1〜9個の人。 まずはこの本を読み進めて「恋とお金の法則」を知ってください。そして、8章の「すぐに効く、魔法の言葉」を気に入ったものから実践してみてください。髪型を変えたり新しい服を買いに行ったりするのもよいでしょう。自分を磨き、自分をもっと好きになることで、さらに魅力的なあなたへと、いとも簡単に変わっていけます。また、より強く深く愛される楽しみを知り、幸せが集まる体質へと加速度的に変貌していけます。

10〜16個の人。 愛を惹きつける力を十分持っています。後は、魔法の言葉の力を借りてその魅力に磨きをかけましょう。また、欲望をできるだけ大きく持つトレーニングをしてみましょう。本当のあなたは今以上に幸せを手に入れられる力を持っているのです。イメージを自在に操る力をつければ、もっと恋愛を楽しめるようになります。

17個以上の人。 一生恋する相手に困ることはないでしょう。後は、いかにその人と幸せになっていくかといったふたりの未来像の描き方を体得すれば、天下無敵の強運なあなたに変わっていけます。豊かなイメージ力を駆使して彼の未来を変えてあげましょう。

幸せな恋愛をしている人は、このリスト項目に挙げたようなことをつねに考えているようです。あなたも、この本を読み終えた1カ月後、半年後にもう一度このテストをしてみてください。チェックが増えれば、確実に恋愛体質が強化されています。

Chapter 2
覚えておきたい価値ある知識

Point

- 本物の恋は、あなたに自信を与え、夢や希望を引き出します。
- 男性は女性に接するとき、その女性が自分を受け入れてくれる余裕ややさしさを持っているかどうか、敏感に感じ取っています。
- 恋をすると性腺刺激ホルモンが活性化し、異性を惹きつける魅力が増します。
- 「結婚できそうな人しか好きにならない」と決めていると、恋が遠のき、結果として、婚期が遅くなります。
- 自分が望んでいる男性のイメージを明確に持つと、大脳のＲＡＳがはたらき、望みどおりの男性を探し出します。
- 「恋の負けぐせ」は、魔法の言葉によって書き換えることが可能です。
- 脳は、口に出した言葉の現実と想像の世界を区別しません。また、時や人称も区別しません。ですから、他人のことや過去のことを話すときでも、ほめ言葉や楽しいことだけ話すようにしましょう。脳はあなたが口にした言葉どおりに、あなたの意識や行動全般をコントロールしていきます。

Chapter 3

お金にも愛される理由

なぜ彼女にお金も仕事も津波のようにやってくるのか

お金や仕事を引き寄せるコツも、恋を引き寄せるコツと同じです。そう、容姿への自信がすべてを引き寄せてくるのです。

現在、私のもとを訪ねてくる出版編集者というのも、仕事のできる女性に限って美人です。全国各地で行なわれる講演・セミナーで出会う方々を見ていても、「お金も仕事もうまくいっている」と話す女性は、その年代を問わず、なぜかみな魅力的ないい女ばかりです。

やはり、生まれつきの美人なら自信を持てて当然で、お金や仕事においてもトクをするのでしょうか。いえいえ、そう考えるのは早計です。

誰もが認める美人で、能力も高いはずなのに、仕事が思うようにいっていない女性は？　その人の価値に見合うだけのお金を稼ぐことができずにいる女性は？

そういう女性も世間には確実に大勢います。

逆にお世辞にも美人とは言えない女性が、幸せな結婚をし、社会でも成功している例がたくさんあります。

仮に仕事の能力が同じだとしたら、この両者の違いはどこからくるのでしょう。それはおそらく、実際に美人かどうかにかかわらず、容姿への自信があるかどうかの違いです。

その自信に欠けているから、「私なんて……」「どうせ私にはできないから」というように、人への接し方や行動全般が後ろ向きになってしまっているのです。

確かに、あなたの職場でも、美人ほど優遇されている場面はあるでしょう。能力は同じでも、外見のいい人ほど「こっちのほうが良さそうだ」と思われたり、大切な仕事を任されたりすることがあります。また、どこの会社でも、受付に座っているのは、たいていい若くて美しい女性です。

私もかつて外資系企業の重役を務めていましたから、ビジネスの現場で、どんな女性がどんなポジションに就いているのか、よくわかっています。そこで言えることのひとつは、彼女たちが美しく見えるのは、容姿に恵まれているためだけではなく、自信にあふれているからなのです。ひとつひとつのパーツを見れば、ごく普通の女性と大差ないものです。それに、とびきり能力がある美人であっても、本人にその自信がなかったり、悲観的な考え方の持ち主であるならば、たとえ美人でなくても、明るい笑顔でイキイキとした自信を感じさせる女性のほうが愛されるのも事実です。

「容姿は、自分に対するイメージをつくる土台になっている」
「セルフイメージ（自己像）が自信にあふれていれば、人からも愛される。人生を切り開いていくパワーを生み出せる」

これは、何度繰り返しても足りないほど重要なポイントです。人生のあらゆる場面で次々と幸運を引き寄せるコツは、「私は魅力的ないい女」「すべて、これでいい！」と思える自信なのです。

容姿への自信を養うのは、それほど難しいことではありません。誰だって、「私はダメな女」と思うより、「私は魅力的ないい女」と思うほうが、ずっと楽しく心地良いものだからです。「私はダメな女」と嘆いてばかりいる人は、本当に自分はそれでいいのか、胸の奥深くを探ってみてください。きっと、魅力的ないい女になりたがっているもうひとりの自分がいるはずです。

だとするなら、いつでも現状から抜け出せます。さあ、頭のスイッチを切り換えて、悪い思い込みをどんどん退治しましょう。そして、良い思い込みだけを育てていきましょう。まずはあなた自身が、頭のスイッチを切り換えようと決心することが大事です。

「すべて、これでいい！」の一言から始めましょう。すべてが驚くほど順調に運ぶようになります。お金も仕事も、津波のようにやってきます。

お金を引き寄せる女性に共通する「二つの条件」

お金を引き寄せる女性の条件は、まず第一に**「私は魅力的ないい女」という自信があること**です。そして第二に、**「私はお金持ちになって当然」と思っていること**です。

もうひとつ、いいことを教えましょう。**お金に関する望みは、数ある望みの中でも**

特に願望成就しやすい、ということです。

なぜなら、金銭欲は誰もが持っているものですし、人生のどの場面においても金銭が深く関わっているからです。また、人と金銭との関係というのは、恋愛や対人関係のように他者との関わり方が最大の課題というわけではないので、比較的スムーズに、自分の思うとおりのことが実現できてしまうのです。

けれど、それがなかなかできない人もいます。心の片隅で、「お金、お金と口にするのは卑しいことではないか」という、マイナスの思いを抱いている人たちです。

お金そのものは、悪くもなければ汚れたものでもありません。ただ、誤った使い方をする人たちや、お金のために他人を犠牲にする人たちがいたために、何となく悪いイメージがついてしまっただけなのです。

しかし、お金はこの社会で生きていくうえで欠かせない大切なものです。自分がこうありたいという状況を手に入れるためにも、お金が果たす役割は大きいのです。それなのにお金を否定していたら、お金はどんどん遠ざかってしまいます。

お金が貯まらないと嘆いている人は、今日から「私はお金が大好きだ」と自分自身に宣言しましょう。「お金はいいものだ、素敵なものだ」というイメージを、脳にしっかりと植えつけるのです。

お金はお金を好きな人のところに集まり、お金を嫌う人から逃げていきます。あなたが「私はお金が大好きだ」と話すようになると、いったん手元を離れたお金も再び、仲間をたくさん連れて帰ってきます。

人に対しても、お金を否定するようなことを言ってはいけません。「お金ばかりが人生じゃない」「お金持ちでなくてもいい」と言っていると、脳はお金を求めるための活動をやめてしまいます。

人生において「お金持ちでなくてもいい」という考え方を選ぶ理由などまったくないのです。「もっと収入を増やして、もっと楽しもう」「お金に余裕のある暮らしはいいものだ」と考え、言葉にしていくと、脳は最善の解決策を求めて活動し続けます。

自分にも他人に向かっても、恥ずかしがらず**「おかげさまでお金に恵まれています」「順調に収入を増やしています」**と言いましょう。たとえ現実はまだそうなっていなくても、口に出し続け、あなたが「お金持ちの気分」になれたら、すでにあなたはほしいだけのお金を手にしたも同然なのです。

「目標一億円」では、お金が貯まらないのは、なぜ？

「目標一億円」とするだけでは、どこまでいってもお金は貯まりません。一億円というのは、金額の単位に過ぎないからです。**単なる数字や単位は脳に感動や興奮を与えません。**その一億円をどう使い、どんなふうに楽しみたいのか、脳がイメージできないうちは何も始まらないのです。けれど、たとえばこんなふうにイメージがふくらんでいったとしたら、どうなるでしょう。

「彼と豪邸で暮らしたい。バスルームの前には吹き抜けのパティオがあって、毎晩そこでカクテルを飲みたい。そうだ、理想の間取り図を書いてみよう」

「ふたりの会社をつくりたい。彼が社長で私が専務になる。世界中を飛び回って、大きな取引をいくつも成功させる。そして年商六百億円を目指す」

こういう楽しい想像をしているときの脳は、間違いなく「快」のモードになっています。感動や興奮で脳が「快」になると、その大きな夢がメッセージとして側坐核《そくざかく》というところに伝わります。すると、人間が誰でも持っている「自動目的達成装置」（オートパイロット）という仕組みのスイッチがＯＮになります。

この「自動目的達成装置」は、優秀なドライバーが運転するタクシーのようなもの。行き先さえ告げれば、後は黙っていても、確実に目的地まで連れていってくれます。

そこで必要なことは、「絶対にお金持ちになる」と強く心に決め、何があってもその決心を崩さないことです。どうすればお金を稼げるのか、儲けられるのかといったノウハウなどは、まったく必要ではありません。


「とほうもない財力は、まず脳内で築かれる」

「お金をごっそり手に入れる人は、実際にお金を手にする前から、脳の中でその成功シーンをはっきりとイメージしている」


と覚えてください。とほうもない財力をイメージできる人は、脳も心もどんどん豊かになり、どんどん裕福になっていきます。逆に、富や財産をイメージできない人は、ますます貧しく、ますますお金がなくなっていきます。

私自身も、私の古くからの親しい友人たちもみな、これを実地で証明するような人生を歩んでいます。脳の中にあるイメージがより具体的になっていくにつれ、それを実現するための手立てがちゃんと整っていきました。一億円をどう稼ぐかよりも、どんな喜びが待っているのかに考えの的をしぼるほうが、楽々と一億円でも二億円でも引き寄せることができます。

世の中には、お金以上に価値あるものがたくさんあります。素晴らしい未来をイメージできる能力も、そのひとつです。自分にとって本当に望ましい未来をイメージすることで、快感や感動という栄養を脳にたっぷりと与えることができます。だから、つねに目標が達成されていくのです。

そのことを本当に理解しているのは、大金を稼ぎ、今も稼ぎ続けている人だけです。お金があり、お金以上の価値や快感、感動を知っている人こそ、これからもずっと、ベストの人生を切り開いていけます。

欧米の成功者は、「この能力」を重視している

ビッグな成功をおさめた人々を見て、あなたならどんな感想を抱くでしょう。「よほど努力したに違いない」「よほど運が良かったんだ」と思うなら、それは間違いではありません。大きな成功には例外なく、大きな努力と大きな幸運がつきものです。

しかし、まだ忘れているものがあります。それは、「**大きな欲望があったから大きな成功をおさめることができた**」という点です。

できるだけ大きな欲望を持ち、「自分は必ずこの欲望をかなえることができる」と信じた人だけが、その努力を報われます。大きなツキを味方にできます。

ですから、欧米ではビジネスマンの研修などの場で、こんな訓練をすることがよくあります。

「**物事をできるだけ大きく考え、できるだけ大きく表現してみろ**」

「**常識や慣習にとらわれるな**」

「**過去の思い込みを突破する方法を探せ**」

それが巧みにできる人は「BIG TALKER」（ビッグ・トーカー）であるとして高く評価されます。ビッグな成功はビッグな欲望を持つことから始まる、と誰もが認めているからです。

女性が幸福を追求していく際にも、ビッグな欲望とビッグな表現能力は欠かせません。人の目を気にしたり、遠慮したりする必要などまったくありません。誰かの足を引っ張ったり、他人の幸福を損ねたりすることなく、あなたはあなた自身の内から最大限の幸福を引き出すことができるのです。あなたが幸せになればなるほど、周囲もさらに幸せになっていけます。

さあ、あなたも思いきりビッグな欲望をビッグな言葉で語ってみてください。

「私は本当は、自分の会社を興したかったんだ」

という夢を見つけたなら、さらにひと回り大きく考えて、

「私は自分の会社を興し、年商六百億円のビッグカンパニーにする」

というように、できるだけ大きく表現してみましょう。

「デザインや絵の勉強をして個展を開きたかったんだ」

という夢を見つけた人なら、

「個展を開き、作品を完売する。有名企業や美術館も私の絵を買いたいと言ってくる」

こうしてビッグな表現をしていくと、意識や行動が変わっていきます。そうなるともう、あなたが口にする言葉のほうが現実をリードしていきます。

まだ恋が始まっていない人の場合は、「素敵な恋など、できるわけがない」「素晴らしい出会いがかなうはずがない」という悪い思い込みを、ひとつずつ脱ぎ捨てていくことから始めましょう。

「ハンサムで誠実で経済力もたっぷりとある素敵な男性と最高の恋をする」

「ふたり一緒なら、どれほど大きな夢もかなう」

というようにポジティブな考えを選び、頻繁に口にしていきましょう。言葉には現実を動かしていく力が宿っています。

自分をほめて、ほめて、ほめまくると……

「過去につきあった男性のせいで人生につまずいたと感じている」

「人生の伴侶を求めているのに、なかなか恋が始まらない」

もしも、あなたがそんなふうに悩んでいるとしたら、それはあなたの自己像に原因があります。

「稼いでも稼いでも、貯金ができない」

「つまらないことで浪費してしまい、後悔ばかりしている」

というような、お金に関する悩みも、あなた自身の自己像が何らかの問題を抱えているためです。

つまり、恋もお金も、自分に対する思い込みがもとになっているのです。その思い込みを良い方向に変えていくと、すべてが変わっていきます。これまでの悩みなど、まるで嘘のように解決します。

大切なことはただひとつ。**「自分で自分を本気でほめる人が幸せになれる」「自分をけなす人は不幸になる」**という法則を頭の中にたたき込み、どんな場合もこの法則からはずれないようにすることです。

自分をほめるに当たっては、どんなほめ方をしても間違いではありません。

「私は男運がいい。つきあった男性はみんな素敵な人だった」
「私は幸せになるようにできている。もうすぐ、最高のパートナーに出会う」
「私はお金と相性がいい。これからはもっと、お金と仲良くできる」

こうして手放しでほめちぎってあげるのも良いでしょう。たとえ嘘でも、ほめてしまえばいいのです。とりあえず「すべて、これでいい！」と認め、少し大げさなくらいにほめてあげてください。「私はいい女」「いい人生を歩んでいる」、と自分の脳に言い聞かせることが大事です。

逆に、「私の人生、うまくいきっこない」とあきらめてしまったり、「自分のどこがいけなかったのか徹底的に分析しよう」と過去にばかり目を向けていたりすると、どこまでいっても現状を変えられません。悪循環に陥るだけです。

同じように、愚痴をこぼすのも絶対にいけません。仲の良い友達に過去の失敗や悩みを包み隠さず話し、長々と愚痴をこぼす女性がいますが、話せば話すほど今後の人生を悪化させている、と気づいてください。

また、「あまり大きな望みを抱いて失望したくない」「挫折が怖い」と臆病になってしまうと、自分が本来持っている可能性をみすみす潰してしまいます。人は美貌も恋愛も金銭も、自分が考えられるレベルにしか到達できないものだからです。

それよりも、「私は自分でも思ってもみなかった素敵な自分になる」と、将来を楽しみにするほうが絶対にトクです。「これから、どんな素晴らしいことが起きるのだろう」と、胸をワクワクさせて生きましょう。いつ、どこで、どんなふうに、どれほどの幸運が舞い降りてくるか、あなた自身は気づかなくても、脳はその答えを知っています。そして、脳は着々と、幸運を招き寄せる準備をしています。

お金・仕事力 診断テスト

あなたの「お金・仕事を引き寄せる力」はどれぐらい?

　仕事に恵まれリッチな生活を楽しんでいる女性と、そうでない女性は、どこがどう違うのか?

　お金と仕事を次々と呼び込む女性たちが日頃頭に描いていることや行動をもとに、あなたの「お金・仕事を引き寄せるパワー度」をチェックするリストをつくりました。

当てはまるものに✓をつけてください。

- ☐ 自分の能力や才能に自信がある
- ☐ 今の仕事は自分に合っていると思う
- ☐ 今の自分の仕事が好きだ(希望の職種に就いている)
- ☐ 根拠はないけれど、自分は何か大きな仕事ができる人間だと信じている
- ☐ 1年後、2年後は、今よりもっと仕事ができるようになっていると確信している
- ☐ 将来こんなところに住んでみたいという、理想の場所や豪邸を思い描くことができる
- ☐ 仕事ができない男・貧乏な男よりも、お金も能力もある男に惹かれる

- □ 1万円札、5000円札、1000円札、それぞれに どんな絵柄が描いてあるか知っている
- □ 100万円の札束がどれぐらいの厚さか、すぐに想像できる
- □ 100万円、1000万円、1億円あったら、それぞれ何に使うか、すぐに言える
- □ 人前で、お金の話をすることができる
- □ 将来、自分に必要なお金を計算したことがある
- □ 絶対お金持ちになると決めている
- □ 今は買えなくても、憧れの不動産物件やモデルハウス、車の展示会などに行ってみることが多い
- □ 高級ブティックやデパートめぐりをするのが好き
- □ 美術館などへ行き、本物に触れて目を肥やすように努めている
- □ 自分が稼いだお金で、家族や周囲の人をもっと幸せにしてあげられたらいいと思う
- □ 高額納税者の仲間入りをしたいと思う
- □ 自分は「魅力的ないい女」だから、仕事やお金に恵まれて当然だと思う
- □ 自分も自分の恋人も、お金持ちになっていけるはずだと思う

診断結果　さあ、いくつチェックがつきましたか。

1〜9個の人。 この章を何度も読み返し、お金を好きになることから始めてください。また、100万円、1000万円、1億円あったとしてそれを自由に使って楽しんでいるところを想像し、お金のありがたさを感じてみてください。どうしたらもっとたくさんのお金を稼げるか、といった方法などはわからなくても大丈夫。お金を好きになりさえすれば、仕事もお金も自然と集まってくるようになります。

10〜16個の人。 お金、仕事を引き寄せる力を持っています。後は、もっと積極的にいいものにふれて目を肥やし、イメージ力を刺激して効率よくお金持ちになりましょう。次章でお話しする「恋とお金の法則」を使うと、もっとラクに、疲れ知らずでお金を稼ぐことができるようになります。

17個以上の人。 一生お金に困ることはないでしょう。あなたのまわりの人たちにも、お金を引き寄せる知恵を分けてあげてください。人に話すことで、さらに強運なあなたに変わっていけます。

楽々と仕事で成功している人、旦那がバリバリ稼いでくれる幸せな奥さんは、このリスト項目に挙げたようなことをつねに考えているようです。あなたも、1カ月後、半年後にもう一度このテストをしてみてください。Chapter8の「すぐに効く、魔法の言葉」を読み、実際に実行した後では、今と違った結果になっているはずです。チェックが増えれば、確実にお金・仕事力がアップしています。

Chapter 3

覚えておきたい価値ある知識

Point

・お金、仕事を引き寄せるコツも恋と同じ。容姿への自信がすべてを引き寄せてきます。客観的に見て美しいかどうかは関係ありません。

・お金を否定するようなことを言ってはいけません。お金はお金の大好きな人のところに集まります。

・「目標一億円」というのでは、どこまでいってもお金は貯まりません。お金の単位をいくら脳にインプットしても、脳は「リッチで楽しい未来」をイメージできないのです。

・必要なのは、「絶対にお金持ちになる」と決めること。どうやって稼ぐかよりも、お金を手にしたときの良いイメージを思い描きましょう。

・大きな成功をおさめるには、まず大きな夢を持つことが前提条件となります。物事はできるだけ大きく考えましょう。

・自分で自分を本気でほめ、お金をほめる人が幸せになっていけます。

Chapter 4

恋とお金の不思議な法則
——恋がお金を引き寄せる

恋をすると面白いほどお金が寄ってくる

恋は、お金をごっそり引き寄せるパワーがあります。

どうして恋にそれほど力があるかと言うと、恋は生命力の起爆剤だからです。また、恋をすると脳のはたらきが一気に全開となり、イメージ力が高まるからです。そしてまた、人は、恋をするとそれまでの考えや価値観を大きく揺さぶられます。お金に関することで言うなら、ほとんどの男性はこんな心境の変化を体験します。

「彼女をもっと喜ばせるようなプレゼントを買いたい」

「できるだけいいレストランへ食事に連れていきたい」

「安いホテルなんかじゃなく、一流のホテルに泊まりたい」

女性の場合も、同じようなことを考えているものでしょう。

「彼の前ではできるだけキレイな私でいたい」

「ブランド品や高価なものには縁がないと思っていたけど、今は違う。もっと貪欲にオシャレをしたい」

「友達と温泉をめぐるより、彼とふたりでロマンチックな外国旅行をしたい」

「彼を自宅に招きたい、だから素敵なインテリアに替えたい」

つまり、ふたりとも「もっとたくさんお金がほしい！」と強烈に願うようになるのです。そのとき、脳には新しい思考回路がつくられていきます。「お金がほしい」という信号が脳内をかけめぐり、「お金を手に入れよう」「お金持ちになろう」という配線がなされていきます。そう、思考パターンが変わるのです。

すると、それにつれて行動のパターンも変化していきます。「お金がなくても平気」と思い、自宅で地味にしていた人も、「もっとお金を稼いでデートを楽しもう」「そのためにもっと頑張ろう」と、仕事に対する姿勢もぐんと前向きになります。

恋をする以前と以後とを比べてみると、生活のあらゆること、人生そのものも、質的にまるで違うものになっていきます。

恋をしていると、人は驚くほどのパワーを発揮するのです。さらに恋とお金の欲望がかけあわされると、どんなことでも成し遂げてしまいます。人間の欲望、思考、活動をすべてコントロールしている中枢の脳から根本的に変わっていくからです。

脳が本気でお金を求めるようになると、面白いほどお金が寄ってきます。お金はお金が好きな人のところに集まり、お金を嫌う人から逃げるという特質があるためです。「富める者はさらに富み、奪われる者はさらに奪われる」という現象は、この場合にも当てはまります。「今の経済状態ではまずい」と思っている人、「これから絶対に裕福になりたい」と思っている人は、もっと恋をするべきです。そして、「恋とお金の法則」を上手に活用すべきです。あなたの人生をスケールアップし、すべての願望を成就する「最短ルート」が見つかります。

ダイエット、プラス頭が良くなる効果も

「思春期はいつも誰かに恋をしていた」

「だから心が敏感で繊細だった」

「オシャレに身が入ったし、鏡を見るたびにキレイになっていった」

と思い当たることはありませんか。そう、人は恋をしていると、自分でもびっくりするほど変わるのです。その変化を簡単に科学的に説明してみましょう。

好きな人のことを思って**気分がウキウキすると、脳内に快楽ホルモンとも言うべき物質が分泌されます**。それはベータエンドルフィン、ドーパミン、SIgAといったものに代表される数種のホルモン物質で、これらが毛細血管を広げて血行を良くし、身体の免疫力を高めます。また、緊張やストレス、不安が取り除かれます。こうして心身ともに「快」になり、心地良くリラックスした状態でありながら、強い高揚感を得られるのです。

また、人は恋をするとたんにロマンチストになります。女性だけでなく、男性の場合もそうです。ちょっとしたことで胸がときめいたり、ハラハラと涙をこぼしたりします。それだけ心が感じやすくなっているからです。

そんなとき、心のエネルギーの大半は自分の心を燃やすことに使われています。寝ても覚めても、頭に浮かぶのは恋しい人のこと。もっと好きになりたい、もっと好かれたいという欲求が強まり、できることなら完全燃焼してしまいたいと思うこともあります。

これは言ってみれば、心が筋力トレーニングをしているようなものです。心の筋肉に適度な重しがかかり、その状態で動かしていくことで、さらに強くしなやかな筋肉に鍛え上げている状態です。

私はここで「心の筋肉」という表現をしましたが、別の言葉で言うなら、「脳の思考回路」とすることもできます。脳の思考回路は、何かを懸命に考えることで開発されていきます。つまり、恋をすると頭が良くなっていくのです。そして、頭が良くなるおかげで、イメージ力も増すのです。

ところであなたは、自分の脳はどれくらいの重さがあるか知っていますか。また、脳の活動に消費されるエネルギー量について考えてみたことがありますか。

人間の脳の重さは、体重の約二％とわずかなものです。しかし、そのエネルギー消費量は身体全体の二〇％近くとなっていて、これは全身の筋肉が使うのとほぼ同等のエネルギー消費量です。しかも、脳は使えば使うほど多大なエネルギーを消費します。これが、心と身体にもたらす〝シェイプアップ効果〟は意外と大きいのです。脳のエネルギー消費量を高めると、心も身体も美しく引き締まった状態に持っていくことができます。

仮に、緊張・ストレス・不安などを余分な脂肪としてみましょう。恋をして胸がときめき、心の筋力トレーニングをすることで、その余分な脂肪を燃焼させることができます。

そして身体はつねに心の支配下にありますから、心の状態が変化すると当然、肉体面での変化が起きてきます。心の変化はそのまま、外見の変化につながるのです。**恋をすると頭が良くなる、健康になれる、そして心身ともに引き締まっていく。**そう心に刻んでおいてください。

「恋のパワー」の正体

たとえば、「ああ気持ちがいい」「うれしい」「楽しい」「幸せだ」と感じているとき、脳の中では快楽ホルモンがつくられ、喜び・満足・歓喜・有頂天といった快感がますます高められていきます。

その快楽ホルモンのひとつであるベータ・エンドルフィンは、麻酔薬のモルヒネと同じような作用をすることから「脳内麻薬」とも呼ばれています。

もちろんベータ・エンドルフィンは麻薬ではありません。しかし、その分子構造は覚醒剤とほとんど同じとされています。**脳を覚醒させ、快感を与え、やる気と創造性を発揮させる非常に重要な物質です。**

どうして脳の中に覚醒剤のような物質がつくられるのか。それは、人間の身体は本来、イキイキと快適に生きることを目的としてつくられ、つねに絶好調の状態をつくり出すようにできているからです。

この素晴らしい仕組みを、もっと活用しましょう。

大好きな人とのセックスは、快楽ホルモンが噴出する絶好のチャンスです。

そして、これはきっと誰にも覚えがあるでしょう。デートの約束をした瞬間から、胸がワクワクときめいてきます。何を着ていこう、どんな会話を交わそう、自分の気持ちをどう表現しよう、と考えているだけで、早くも絶好調を迎える準備に入ります。

お酒を飲んだり手をつないで歩いている間も、次第に好調ぶりが高まっていきます。

そして、ふたりが肉体を重ねて愛しあうとき、快楽ホルモンがもたらす幸福感はピークを迎え、絶好調に達します。だから愛する人とのセックスはたまらなく楽しく、気持ちがいいのです。

セックスの後も、とても満ち足りた気分が続きます。単なる肉欲だけのセックスでは、とてもこうはいきません。恋する男女がお互いの存在を丸ごと愛しあい、慈しみあってはじめて、幸福感と充実感がいつまでも続くのです。

この幸福感と充実感が、人に大きな自信を与えます。女性の場合なら、日ごとに美しく可愛らしくなっていきますし、人間関係も順調に運ぶようになります。

「会う人みんなに、最近キレイになったねって言われるの」

「表情が柔らかくなった、性格も丸くなったとほめられる」

「仕事でミスをしてしまっても、前みたいにへこまなくなった」

「彼と一緒にしたいこと、行ってみたい場所が次々と浮かぶ」

「もっとお金があればいいと思う。なんだか欲が出てきた感じ」

という女性を、私も何人も知っています。そして、そういう女性ほど、周囲をあっと驚かせるような変身を遂げます。容姿、仕事、金銭、人間関係、すべてが良い方向に変わっていくのです。

男性の場合は、オスとしての自信が増し、精悍《せいかん》で頼りがいのある男に成長していきます。当然、仕事もバリバリこなせるようになりますし、もっと大きな成功を手に入れたいという野心が芽生えます。

ふたりが丸ごと愛しあい、快楽ホルモンによってセックスだけでない絶好調を何度となく体感していると、やがて人生のあらゆることが好転していきます。これこそ恋のパワーです。

なぜ、恋をすると大きな夢が持てるようになるのか

恋をすると、男も女も日増しに変化・成長していきます。しばしば絶好調を体験することで、脳に新しい神経回路がつくられていくからです。

その神経回路こそ、「成功のプログラム」です。成功プログラムが組み込まれた脳は、「もっと絶好調を味わいたい」「もっと幸福になろう」として、フル回転で活動し続けます。未来に対して貪欲になり、今ある状態を超えようとするのです。

このように、より高いレベルの幸福を目指して生きようとすることは、人間にとっ

て基本的な欲求です。生きている限り、誰にとっても、ごく自然な流れでしょう。

そしてまた夢にとっても、変化と成長はごく当然の流れです。なぜなら、夢も人間と同じように生きているものだからです。特に、恋をしているときに生み出された夢は勢いがついています。あっという間に階段を駆け昇り、ぐんぐん大きくなっていきます。

「何通もラブレターを書いているうちに、文章を書く才能があると気づいた」

「小説を書いてみよう、作家になることを目指そう」

「新人賞をとって華々しいデビューを飾る」

「本がたくさん売れてベストテンにランクインする」

「ただのベストセラーじゃ終わらない、ミリオンセラーだ」

「世界中にたくさんの読者を持ち、傑作の感動を共有したい」

そんなふうに考えられるのは、恋をして脳が全開になっているからです。「決して不可能な夢ではない」「必ず夢はかなう」と信じられるのも、恋のパワーがあるからです。

そういう状態で生きていると、「疲れた、つまらない、何かいいことないかな」というようなマイナスの言葉を一切口にしなくなっている自分に気づくはずです。実際に、毎日が楽しくて充実していて、疲れや不満など感じる間もないからです。

あなたは恋をすればするほど「魅力的ないい女」になれる。あなたに恋した男性も「いい男」になっていける。その秘密はすべて、脳の仕組みの中に隠されています。そして恋は脳に与える栄養として最高の効き目があります。「後ろ向きの脳」を「前向きの脳」に方向転換し、どんどんパワーアップしていくことができるのです。

そして、恋と夢と人間の追いかけっこが始まります。ひとつが大きくなると、それにつれてほかの二つも大きくなっていく。どこまでも大きく育ち、限界というものがない。これほど素晴らしいことがあるでしょうか。

「恋が最高の夢を発見させてくれる」
「恋をしているから、夢をかなえる力が湧く」
「恋しているときに願ったことはすべて実現する」

ぜひ、そう確信してください。そして、彼にどんどん夢を語らせましょう。あなたが最高の聞き手となって、彼自身も気づいていない大きな夢を発見できるよう、お手伝いをしてあげましょう。成長する男の最初のステップは、恋をして夢を語ることなのです。

恋ができない女性は、いい仕事ができない?

「いくつになっても、魅力的ないい女ほど、お金・仕事がうまくいく」

と言われて、「そうそう、そのとおり」「私の人生がまさにそれよ」と思った人は、思いのままに生きるコツをすでに体得しています。「自信を持てば、望んでいる仕事もお金も手に入る」と、周囲の人たちにも教えてあげてください。そして、あなた自身はさらに上を目指してください。そうです、恋の力を使うと、もっと楽々と大きな成功を手に入れることができるのです。

ですから、もしも「恋愛は仕事の邪魔になる」と心のどこかで思っているなら、今すぐその恋愛観を一新しましょう。その恋愛観こそが、恋も仕事も邪魔しています。

「恋ができない女は、いい仕事ができない」「仕事だけの女は人生をムダにしている」というくらいに考えてちょうどよいのです。

「それでも、恋をすると仕事が手につかない」という人は、恋愛観よりも仕事観のほうに問題がありそうです。「仕事は辛くて当たり前」「収入を得るために、仕方なく行なっている」と感じているのかもしれません。

けれど、その仕事観をこんなふうに変えていくこともできるはずです。

「仕事とは、自分を成長させてくれるありがたいもの」

「仕事を通して素敵な人々との出会いがかなう」

「私は仕事を通じて成長し、出会いや出来事を楽しみながら経済力をつける」

という意識を持ち、実際に口に出していきましょう。恋と仕事を両方とも、同時に楽しめる力がつきます。

また、仕事がまったく苦痛でなくなるのは、仕事に本気で恋したときです。「まるで恋するように仕事をする」「だから仕事が面白い、どんどん成果が上がっていく」、そんなふうに考えられればしめたものです。実際に多くの女性が、恋愛観と仕事観を切り換えることで、人生を大きく好転させています。

「恋をするほど仕事がうまくいく、疲れ知らずで何倍もはかどる」

という女性が、私の周囲にもたくさんいます。そして、「仕事が順調だから恋ができる、というよりも、恋をするから仕事がうまくいく」というのが実感なのだと言います。

「恋がお金・仕事の可能性を広げ、人生を劇的に好転させる」と覚えておいてください。新しい恋にめぐりあうたびに、より大きな仕事のチャンスに恵まれる女性。恋をすればするほどお金持ちになっていく女性。そういう女性は例外なく、「恋とお金の法則」を活かしています。

けれど、ちょっと誤解されやすい点もあるので、あらかじめ説明しておきましょう。**「恋とお金の法則」を使うというのは、相手の男性の力を借りて仕事やお金を手に入れることではありません。そうではなくて、恋そのものが持っているパワーを使っていくことです。**

恋は、どんな望みもかなえてしまうパワーがあります。「自分はこの程度」と思ってしまうと限界を超えられませんが、人は恋をすると、この限界を超える力を自分の中から引き出すことができるのです。「自分にはできない」と考えてしまう人が多い中、「できる」と信じられる少数の人たちだけが、現実にビッグな成功を手に入れています。どうして「できる」と信じられたかと言うと、そこに恋のパワーがあったからです。

これは、男性の場合もそうなのです。ビッグな成功をおさめた男性のほとんどが、「人生の転機には決まって恋をしていた」「だから大きな決断ができた」と言います。

女性も、お金・仕事だけを求めていると、やがて壁にぶち当たる時期がくるでしょう。そんなときこそ、「恋とお金の法則」を活用してください。恋は、お金も仕事もごっそり集めるパワーを持っています。

「恋のパワー」であなたの人生は、こう変わる

どんな自分になりたいか、どんな未来を手に入れたいか、それらをイメージすることが上手な女性ほど、思いのままに生きていくことができます。自分が理想とする自己像を思い描き、そのイメージに向かって突き進んでいけるからです。

女性の場合、自己像の土台となるのは容姿です。**男性の場合は、容姿よりも能力に対する自信のほうが重要な土台となります。**

そして、男女ともに、その土台の上に乗るような形で、自己像のいろいろな要素がつくられています。

それはたとえば、異性観、恋愛観、セックス観、結婚観、家族観、金銭観、仕事観、人生観などです。そうしたすべてが集まって、その人の自己像を形づくっています。**人は誰しも、頭の中で考えているとおりの人生を歩みます。**どんな異性を求めて恋愛するか、どんな結婚をしてどんな家族関係をつくるか、また、金銭、仕事、人間関係など、人生全般がどうなっていくかを支配しているのは、その人が抱いている自己像なのです。

ですから、「自分は、せいぜい頑張っても年収一千万どまり」と思っている人は、一千万円以上のお金を手にすることができません。また、一千万円以上のお金を稼ぐ男性と出会って結婚したり、結婚することも難しくなったりします。脳の活動にブロックがかかってしまい、もっと裕福になった自分の姿をイメージできなくなるためです。

そこで、恋の出番です。恋の力を使うと、自分で思っている以上のお金をつかめるようになります。自分も彼も、両方ともリッチになっていけるので、すでにお金持ちになっている男性をつかまえるよりも、よほどすごいことが起こります。それを知らずに、未来の夢を描かず、毎日ただ彼のことばかり気にしたり、彼好みの女になることだけを考えたりしていると、現状を変えていくことができません。これは大きな損失です。

また、「男に貢がれて当然」と思っている女性もいますが、その貢いでくれる男性が仕事や事業に失敗したり、自分から去ってしまった後は、再びもとのレベルの自分に戻るしかないでしょう。

それよりも、「恋とお金の法則」を知り、恋がお金を生み出す仕組みを味方につけてしまうほうが、生涯ずっと変わらずに、お金持ちでい続けることができます。

「恋をすると、お金を求める脳になる」という話をしました。恋をして、リッチな未来像を思い描くことによって、自分も彼も裕福になっていける金銭観を養うことができるのです。

私は「どれだけビッグな欲望を持てるかで人生が決まる」とも述べました。恋は、男性にとっても女性にとっても、それまで考えてもみなかったような、とほうもない財をイメージできる絶好のチャンスなのです。

一番いいのは、男に夢を語らせることです。本人も気づかなかったような夢に気づかせてやり、その気にさせてしまうことです。もちろん、あなた自身もどんどん夢を持ち、その夢がかなうと本気で語っていきましょう。恋をし、ビッグな欲望を発見したなら、それまで以上にお金持ちになって当然です。

スピード結婚じゃもったいない理由

一瞬の心の変化が引き金になって恋が始まり、やがてその恋は終わっていきます。私の実感で言うなら恋の賞味期限は三年ほどでしょうか。「恋をしているときに分泌される脳内ホルモンが、三年ほどで分泌されなくなるためだ」とする学説もあります。

恋は生きている、心の中で絶えず進化していくものです。いつか終わるというスリルがあるから、たまらなく愛おしいのだと思います。

けれど、恋が終わったからといって、その男女が必ず別れるとは限りません。結婚をし、一生ずっと一緒に生きていくという、これ以上にないハッピーな結末を迎える場合もたくさんあります。結婚とは、恋が熟して愛になり、じっくりと情愛を育む関係に至ることなのです。

しかし、結婚しても恋がいつまでも続くと勘違いしている女性がいます。あるいは、恋がいつまでも続くはずがないとわかっていても、そう思いたくない一心で、結婚を急いでしまう女性もいます。極端なケースになると、出会ったその日に婚約をして、式場その他の準備が整う三カ月後に挙式、ということもあるようです。

おそらく本人たちはそのスピード感に酔いしれて、「自分たちは電撃結婚をした！　なんてドラマチックな人生だろう！」と思っているかもしれません。けれど、そういうカップルは、急いで結婚することによって、ふたりの未来をよりドラマチックなものに育むための大切な時間をみすみす失っています。

その失ってしまった時間とは、恋する時間です。**男がとほうもない夢を語り、その気になれるのは、現実を忘れて恋をしている間です。結婚して、現実が目の前に迫ってくると、脳の中には、もうさほど快楽ホルモンが分泌されません。**ですから、そこそこ大きな夢や野心を抱くことはあっても、とほうもない夢を無邪気に語ることがしにくくなります。本当は、そのとほうもない夢の中にこそ、彼の無限の可能性が潜んでいるのに、それを引き出すことができないとしたら、あまりにもったいない話です。

では、彼にとほうもない夢を語らせるには、どうしてあげるのがよいでしょう。

それは、あなたが彼の言葉に熱心に耳を傾け、彼の言葉をすべて信じてあげることです。男性は、自分が大好きな女性から認めてもらいたい、受け入れてもらいたい、支えてもらいたいと、心の中で強く願っているものだからです。

ただし、ひとつ注意したいことがあります。「もしも、こうだったら、俺はこうしたい」というように、「もしも」で始まる条件つきの夢は、彼の本心ではないと考えてよいでしょう。とほうもない夢は、どこか別のところに潜んでいます。

「俺はお前に、本当にすごいと言われる男になりたい」

「だから、俺は〜する。〜できる」

と、**とほうもない夢を「できる」と言いきったとき、その夢をかなえるプログラムが脳の中に組み込まれます。**夢をかなえるために必要なお金や手段も、とほうもない方角から引き寄せてきます。これが「恋とお金の法則」です。

恋をしたなら、恋する時間をあまさず満喫しましょう。ふたりの夢の方向を見極める、一番重要な時期なのです。そして、彼のとほうもない夢を引き出し、おおいに語らせ、せっせと幸せの種を蒔いていきましょう。今ここで十分に種を蒔いておくから、後になってとほうもない収穫が得られるのです。

夢をかなえる未来日記
理想の未来を決めると、夢が実現の軌道に乗る

「将来はこうありたい」と思う夢や希望を、すべて現在形で書いてください。「いつかこうなったら……」「うまくいけば……」という条件つきの夢ではなく、「私はこうします」「私はこうなります」というように、無条件にそこに近づきつつあるという書き方をしてください。また、「こうしたい」と書くのではなく、「私はこうする」と断定的に言いきってしまうことが大切です。

どんなルックスの自分になりたいと望んでいますか?

顔(表情・肌・化粧法など) ex.)いつもとびきりの笑顔でいます……………

……………………………………………

髪型……………………………………

服装……………………………………

体型……………………………………

姿勢……………………………………

歩き方…………………………………

話し方…………………………………

雰囲気…………………………………

どんな性格になりたいですか?……………………

……………………………………………

3年後のあなたは、どこに、誰と、どんなふうに暮らしていますか?

……………………………………………

そのとき、あなたが愛しているのはどんな男性?

……………………………………………………………………

あなたを愛してくれているのは、どんな男性?

……………………………………………………………………

自分や彼の家族とは、どんな関係を築いているでしょうか?

……………………………………………………………………

友人、仕事仲間とは、どのようなつきあい方をしているでしょうか?

……………………………………………………………………

月収・年収・財産など、到達したい経済レベルを
具体的に書き出してください

……………………………………………………………………

……………………………………………………………………

行ってみたい旅のプランは?

いつ……………………………………………………………

誰と……………………………………………………………

どんなふうに…………………………………………………

「ほしい」「手に入れたい」と思うものを、可能な限りたくさん
挙げてください

……………………………………………………………………

どんな形………………………………………………………

大きさ…………………………………………………………

デザイン………………………………………………………

手ざわり………………………………………………………

価格……………………………………………………………

Chapter 4
覚えておきたい価値ある知識

Point

・恋をすると頭が良くなり、イメージ力が増し、脳に成功回路が築かれます。

・恋をすると全身の細胞が活性化して健康になり、また、ダイエット効果があらわれるなど、身体に良い影響があります。

・恋をすると、それまでの価値観が変わり、驚くほどのパワーが生み出されます。この恋のパワーにお金の欲望がかけあわされると、どんなことでも成し遂げてしまいます。

・恋をすると脳から快楽ホルモンが出ます。丸ごと愛しあうことで得られる幸福感や充実感は人に大きな自信を与えます。

・夢も成長します。特に恋をしたときに生み出された夢は大きく育ちます。恋と夢と人間がうまくかみあうと、相乗効果で限界のない成長を遂げることができます。

・「仕事だけの女は一生をムダにしている」ぐらいに考えてちょうどよいのです。恋をしていると、疲れ知らずでもっとラクに成功できます。

・恋をしている時間は夢を育むチャンス。彼好みの女になることばかり考えていないで、ふたりの未来や、自分の将来を思い描きましょう。

結婚をして現実を突きつけられてしまうと、男は無邪気に夢を育めなくなります。そのため、とほうもなくビッグな夢を描ききらないうちにスピード結婚してしまうのは、非常にもったいないことなのです。

Chapter 5

あなたの中にある「勝ち組遺伝子」が目覚める

どんな恋も財力も引き寄せる〝勝ち組遺伝子の力〟

五百万年の歴史の中で四度もの氷河期を乗り越え、環境に適応しながら生き残った勝者。それが、私たち人間の遠い祖先「ホモ・サピエンス」です。

ホモ・サピエンスが持っていた遺伝情報は、私たちの身体の中に脈々と受け継がれています。私は、このズバ抜けて素晴らしいヒト遺伝子のパワーを説明するとき、わかりやすく「勝ち組遺伝子」と呼ぶことにしています。

人生の道に迷ったとき、もっと大きな幸せを望むときには、この勝ち組遺伝子の力を借りると驚くほどうまくいきます。

勝ち組遺伝子には、その人が生まれるずっと以前から伝えられる「生きる知恵」が、人類共通の財産として蓄えられているからです。

たとえば、「恋がしたい」「もっとお金がほしい」と強く願うとき、あなたの脳は「素敵な出会いをつくろう」「たくさんのお金を手に入れる方法を探そう」と動き出します。

そして、勝ち組遺伝子の持つ膨大な情報を活用して、今あなたに最も役立つものをたぐりよせます。

「思いがけない人からデートに誘われた」
「ふいに思い立って友人を訪ねたら、求めている情報が舞い込んできた」
「予定がつまって困っていたが、自然と調整がついてしまった」
「資金が底をつきかけたとき、臨時収入があって助かった」
「ひと足早く家を出たので、事故に巻き込まれずに済んだ」

こうしたラッキーな出来事が起こり始めたら、勝ち組遺伝子がはたらいているのだと思って間違いありません。勝ち組遺伝子は、あなたが必要としている情報、場、資金、人との出会いも、まるで磁石のように引きつけるのです。

私も、何度もそんな幸運を体験しています。あるいはまた、どっとあふれ出すように仕事のアイディアが湧いたり、大きな発想、大きな考え、ビッグな夢が生み出されたりすることもしばしばです。

これには、自分のことでありながら、自分を超える何か大きな力に後押しされているという不思議な感覚が伴います。その場では気づかなくても、後で考えると、「あのとき私の脳は、私個人の知識や記憶とはまったく違ったレベルで活動していたのだな」と、身震いするほどです。

「絶対にほしいと思うものを見つけ、これがほしいと強く願いさえすれば、あとは勝ち組遺伝子がかなえてくれる」

というのも本当です。私の人生は、まさに勝ち組遺伝子によって導かれてきました。手に入れたいものや実現したいことなど、夢を頭の中に強く思い描いているだけで、ことさら努力せずにすべてかなえてしまったと思っています。

そんな私を見て人は、「運のいい男だ」「遺伝子に秘密があるんじゃないか」などと、冗談まじりに言ったりします。

運がいい、遺伝子に秘密があるというのは、冗談ではなく事実です。けれど、それは私の場合に限ったことではなく、**誰もが「勝ち組遺伝子」を持っていて、それを有効に活用できるかどうかの違いがあるだけなのです。**

勝ち組遺伝子をONにする方法

「自分には、生まれたときからすでに、望むことを全部かなえる力が備わっていた」と心から納得すると、まるで当たり前のように、思いどおりの人生を歩めるようになります。

自分の頭だけで考えて望みをかなえようとするのではなく、もっと大きな力がはたらくようになるからです。

そう、勝ち組遺伝子に任せて生きると、人生は面白くてたまらないものになっていくのです。どこでどのように道が開けるのか、心配する必要などまるでなくなります。

むしろ、いくら頭で考えても答えは出せないのです。道が開けるのは、**ある日突然、**

思いがけない方角から、答えがやってくるからです。

そんな素晴らしい状態を保つために、ぜひ心がけてほしいことがあります。それは、脳と心と身体をいつも「快」にしておくことです。

幸せな気分、爽快な気分、満たされた気分、こうした「心地良い感情」に満ちあふれた状態をひとまとめにして、私は「快」の状態と呼んでいます。

「素敵な恋をしたい」「強く深く愛されたい」「お金持ちになりたい」「幸せな家庭を築きたい」、というように、幸福を求める気持ちの対象は人それぞれですが、誰もが、「快」を求めているのだ、と考えてください。

脳と心と身体をいつも「快」にしておく、という言葉の意味がぐんと身近なものに感じられるでしょう。

あなたが本気で「快」を求め続け、いつでも「快」の気分になっていると、勝ち組遺伝子のスイッチがONになります。

逆に、「ダメ」「イヤ」「無理」というような不快な気分でいると、スイッチがOFFになってしまうのです。

勝ち組遺伝子の天敵――ストレスの撃退法

　また、ストレスも大敵です。たとえば、過去の悲しかったことや苦しかったことを思い出していると、頭の中にある悲しみや不安が、現実の苦痛となって身体にあらわれてきます。

　ありもしないことをくよくよ悩んだり、**三年先、五年先のことを心配しても、今まさにその心配事が起こっているかのように、身体に悪い反応を引き起こします。**

　そういった反応はすべて、本人がはっきりと自覚しないままに、自律神経系が勝手に引き起こしてしまうのです。典型的な例として、心理的なストレスによる胃潰瘍《いかいよう》が挙げられます。

　つまり、ストレスがあると、いくら本人が「快」を求めていても、身体を「快」に保つことができないのです。脳と心の「快」の状態も、簡単に崩れてしまいます。

　ストレスをやっつける一番の方法は、楽天主義でいくことです。楽天主義や楽天家と聞くと、「のんき」「おめでたい人」という面ばかり強調されがちですが、決してそうではありません。

楽天主義とは、自分で自分を元気づける能力のことです。

何があっても、しぶとく頑張れる能力のことです。

楽天家は、つねに自分の気持ちをうまく整え、感情の乱れに押し流されません。本来持っている能力や才能を、とことん発揮できます。

楽天主義をとれるかどうかで、人生における効率や満足度が決まります。

誰でも「落ち込まない人」になれる良い方法

次の法則を覚えてください。

法則(一)　自分に起きることは、どんなことも自分にプラスになることである。

法則(二)　自分に起きることは、すべて自分で解決できることである。

(自分に解決できないことは、自分には起きない)

法則(三)　自分に起きた問題の解決策は、とほうもない方角からやってくる。

（だから、今お手上げ状態でも決してめげてはならない）

ストレスに押し潰されそうなとき、思うように事が運ばないとき、この三つの法則を口に出して言ってみてください。たちまち元気が出て、強い自信と安定感が持てるようになり、勝ち組遺伝子のスイッチがONになります。

とほうもない夢、大それた夢こそ、実は見込みがある

すべての望みをかなえ、大きな幸せを手に入れるためには、自分が本当に満たされた「快」の状態をイメージできる能力が欠かせません。その「快」のイメージを脳の自動目的達成装置が受け取り、勝ち組遺伝子の情報を使って実現していくからです。

自分にとってものすごくいい男を見つけ、最高の恋愛をしたいと願っているなら、「強く深く愛されて、身も心も満たされた自分の姿」をイメージします。

たくさんの収入を得たいなら、「仕事が順調でたっぷりと収入があり、お金の心配など一切しない自分」「ほしいものを次々と手に入れていく自分」をイメージします。

人によっては、「恋人や夫がビッグな成功をおさめ、豪華な家で豪華な食事をとっているシーン」になるでしょう。あるいは、「豪華客船で世界一周の旅を楽しんでいるシーン」かもしれません。

そうした「快」のイメージに、現実にその「快」を体験しているのと同じくらいの実感が伴ったら、もう望みはかなったも同然です。自動目的達成装置がしっかりと目標をつかみ、あなたの要求に応えようと、フル回転の状態ではたらいていきます。近い将来、望みは必ず現実になっていくでしょう。

さらに言えば、私たちが思い描ける程度の望みなど、勝ち組遺伝子が持つスケールの大きさに比べれば、実にちっぽけなものです。

不可能なことがあるように思えるのは、まず解決策を頭で考えてしまうからです。そうすると、常識ではあり得ないことや今まで誰もできなかったことは実現できないとして、自分の望みから外してしまうのです。

けれど、心を澄みきった「快」の状況にして生きていると、自分でも驚くほどの、とほうもない夢が飛び出してきます。そして、その夢は勝ち組遺伝子の力で必ず実現できると信じることができます。

心を澄みきった「快」の状態に持っていけるのは、何といっても恋をしているときです。あなたも、あなたの恋人も、恋の力でどんどん心が「快」になっていきます。想像力の豊かな人なら、いきなりとほうもない夢が飛び出してきて、とまどってしまうほどです。

そこで絶対にひるまないことです。「自分には、このとほうもない夢を実現していく力がある」「本物の恋をしているから、どんな夢も必ずかなう」、としてください。「少し自信過剰かな」と思うくらいでちょうどいいのです。

なぜなら、大それた夢にしか思えないようなものにこそ、実は見込みがあるからです。**とほうもない夢には自分で自分を驚かすようなインパクトがあり、そのインパクトが強い感動となって脳に深く刻み込まれるからです。**

「人は誰しも、極上の自己像とともに極上の人生を歩める」

「人間の脳には夢をかなえる自動目的達成装置があるからだ」

「そして、頭で考えられることならすべて実現してしまう勝ち組遺伝子が備わっているからだ」

あなたは、そう確信していていいのです。その確信が、これからの人生のすべてを変えてしまいます。

なぜ、あの人だけはつまずかないのか

いつも機嫌のいい脳は、不安や心配を寄せつけません。何かトラブルが持ち上がった際にも、冷静で前向きな対処ができます。

いや、そもそもトラブルに発展してしまう以前に、その問題となる小さな芽を摘み取ってしまえるので、問題があったことなど誰も気づかないほどです。

だから恋愛、お金、仕事も思いのまま、なぜかその人だけは決してつまずかない、ということが実際に起こり得るのです。

現に、いつも脳を機嫌良く保ち、人をだます気など少しもなければ、決して人はだまされません。「だましてやろう」「利用してやろう」という人が近づいてきても、相手のペースにはまることがないからです。

結婚詐欺師、ストーカーなど、要らないものを寄せつけないためにも、いつも機嫌

のいい脳でいるべきです。

「私はまったく狙われない」「私はそれほど価値の低い女じゃない」という自信があるので、武士道で言うところの「殺気」のようなオーラが漂い、悪いものにつけいられるスキがなくなります。

それでももし、そんな男がまとわりつき、お世辞や甘い言葉をズラズラ並べたてたとしたら、「まあ、それはどうもありがとう」と軽くかわしておけばいいのです。そして、「だけど私は絶対にお金をだまし取られたりしない」と、りんとした姿勢を貫くことです。そうすれば、たいした被害を受けずに済みます。

また、いつも脳を機嫌良くしていられる女性は、心に不安がないので、明るく楽しい気分で恋に取り組むことができます。そして、ひとつ恋が終わると、すぐにまた新しい恋をすることができます。別れた相手のことを思って嘆き悲しんだり、別れを後悔したりするということがないからです。

「別れは恋の消滅、けれど愛情の終わりではない」と考えると、脳はますます機嫌が良くなります。「恋をしただけ心の財産が殖える」「彼に対する愛情と感謝を抱き続けよう」という余裕が生まれ、「恋に恵まれた自分」という幸せな自己像をつくっていけます。

人の幸せを願うと、「あなたが幸せになる」理由

同じように、**機嫌のいい脳は、お金持ちになれる自己像を生み出します。**「自分はお金持ちになれない」と思うよりも、「お金持ちになれる」と思うほうが、脳にとってさらに気持ちが良いからです。人間は、成長し伸びていくのが自然だからです。するど、「自分ひとりが食べていければいい」と満足してしまうのではなく、「大きく稼いで周囲をもっと幸せにしたい」という欲求が自然と湧いてきます。

それが自分だけでなく彼にも良い影響を与え、ふたりともお金持ちになっていくことができます。

たとえば、「家族のためにしてあげたいことがある」と思うと、その願望を抱いた人はさらに大きく成長します。

多額の収入を得て多額の税金を納め、社会に貢献できるようになりたいという大きな願いを持つと、それに見合ったスケールの大きいお金を手に入れることができます。

機嫌のいい脳と、不機嫌な脳。恋もお金も手に入れる人、どちらも逃がす人。あなたは、どちらを選びますか。過去にできなかったからといって、今後もできないと決めつけてはいけません。

今ここであなたが選んだものが、あなたの未来をつくっていきます。

Chapter 5

覚えておきたい価値ある知識

Point

- 四度の氷河期を乗り越え、五百万年の歴史を生き抜いてきた最強の遺伝子を、あなた自身も持っています。その偉大な「勝ち組遺伝子」の力を感じてください。どんな苦境にあっても、すべてうまくいきます。
- 勝ち組遺伝子のスイッチをONにするには、脳と心と身体をつねに「快」の状態にしておくことが大切です。
- ストレスをなくすには、楽天家になる次の魔法の言葉を唱えましょう。
「自分に起きることは、どんなことも自分にプラスになることである」
「自分に起きることは、すべて自分で解決できることである」
「自分に起きた問題の解決策は、とほうもない方角からやってくる」
- 自分でも驚くような、とほうもない夢、大それた夢が出てきたときこそ、その夢が実現する見込みがあります。
- いつも「機嫌のいい脳」にしておくと、愛されてお金持ちになる自己像が生み出されます。

Chapter 6

願いがかなわない人の共通点

「幸せのキーワード」を拒否してませんか

「恋をするほど、もう若くない」

「女を卒業してしまった」

そんなふうに言っていると確実に老け込みます。恋愛のできる体質からどんどんかけ離れてしまいます。たとえ恋のチャンスが近づいてきても気づくことができません。

本人は軽い気持ちで、冗談半分に言っているつもりでも、脳の自律神経系は本気で受けとめます。そうすると、「若くない自分」「恋をしない自分」を、せっせとつくり出そうとするからです。

「高級ブランド品になど興味ない」

「成り金趣味の男性は嫌い」

という言葉も、未来の可能性を自分から閉ざしてしまいます。「グッチは嫌いだけどシャネルは好き」と言うのなら、それはその人の好みです。けれど、高級ブランド品というだけで何もかも否定したり、それを持っている人を嫌ったりするのは、自分がその世界に近づくことを許さない、ということになってしまいます。

恋もお金も、それを呼び込むための「キーワード」というものがあり、そのキーワードを拒否したり、けなしたり、反対のことを言ったりすることで、呼び込めなくなるどころか、「あっちへ行け」と追い払ってしまうのです。

「そうとは知らず、自分で自分の首を絞めていた」という人は、今ここから、言葉の使い方を改めていきましょう。日常の言葉づかいを変えるのは、ほんの少し意識をはたらかせればできることです。ちょっとした心がけが、大きな変化を生み出します。

まず、「私はもう若くない」「キレイじゃない」「モテない」「仕事が嫌い」「お金持ちになんかなりたくない」というような、マイナスの言葉を今後一切口にしないと決心してください。うっかり口にしそうになったら、ほんの一秒、自分に「待った」をかけてください。それでも口が滑ってしまったときは、「だけど今は考えを変えた。本当はこう考えている」と、言い直してください。

そして、自分をほめる言葉、恋やお金をほめる言葉をどんどん使っていってください。すでに恋もお金も手に入れている人を見て、素直に「素敵だ」と認める言葉を口にしてください。

「恋ができるって素晴らしい。人生が最高に輝く」
「お金は素晴らしい。夢の実現を助けてくれる」
「○○さんは本当に幸せそうだ。私もああなりたい」

こういうプラスの言葉を繰り返していると、内面にも外見にも良い影響があらわれます。心がうるおい、表情がイキイキとしてくるのです。周囲の反応も良くなります。「あの人と話していると楽しい」「また会いたい」と言ってもらえるようになります。

そして、それまで閉ざされていた、あなた自身の可能性が開かれていきます。会いたいと思う人に会えたり、お金を手に入れるチャンスがぐんと増えていくのです。

「人生の悪循環」にはまってませんか

世の中には、毛皮、宝石、豪邸、別荘、外車など、いわゆる贅沢品を持てない女性がいます。「持たない」のではなく「持てない」のは、つまりお金がないからです。

また、異性の友人、ボーイフレンド、恋人、夫、愛人といった、男性との関わりをまるで持てずにいる女性もいるでしょう。「今は恋をしていない」という女性と「望んでいるのに恋ができない」という女性、「結婚しない」女性と「結婚できない」女性の差は、つまり男性に恵まれているかいないかです。

お金や男性に恵まれないとこぼす人ほど、お金儲けや男性とのつきあいを難しく考えて、いよいよ事を難しくしているものです。「仕事は辛いもの」「苦労してはたらいている」という後ろ向きの仕事観があると、お金を儲けることが何より嫌いになります。「私のことを好きになる男性などいない」という悲観的な異性観があれば、いやでも男性を遠ざけるようにはたらいてしまうのです。

また、いつもそんなふうに考えていると、不機嫌な脳になってしまいます。不機嫌な脳というのは、物事を楽天的に考えることができません。リラックスした「快」の状態を保てず、勝ち組遺伝子のスイッチをOFFにしてしまいます。だから、一生懸命努力しているのに、結末はことごとく裏目に出てしまうのです。

そんなとき人は、自分の不運を美化したり正当化しようとしたりする傾向があります。「お金よりもっと大切な価値がある」「男がいなくても大丈夫」というように。

貧乏な自分には耐えられるけど、価値のない自分には耐えられないからです。そしてまた、男性に恵まれない状況に我慢はできても、自分が男性から好かれない女性だと認めることができないからです。

そして現実の行動と言えば、お金を稼ぐよりも趣味の世界に満足を求めたり、男性よりも同性の友人とばかり行動することを選ぶようになります。こうした慰めや逃避によって、その場は気分がおさまるでしょう。しかし、そこでは「価値観のすり替え」が行なわれています。**すり替えられた価値観に向かって、確実に脳の自動目的達成装置（オートパイロット）が作動します。**実は、これが一番恐ろしいのです。

もともと価値観のすり替えから始まっていますから、心からウキウキすることはできません。趣味のほうも中途半端で終わってしまいます。どれほど仲の良い友人と、どれほど楽しい行動をしていても、脳は「快」になっていくことができません。そのため、どこまでいっても不調を抜け出すことができません。お金や男性に恵まれず、ますます不運になっていくばかりで、人生の悪循環が続いてしまいます。

では、どうすればよいのでしょうか。

それには、不機嫌な脳を一気に「機嫌のいい脳」へと変えていくことです。「お金を稼ぐことは面白い」「お金儲けは簡単にできる」という考えが、脳の機嫌を良くします。「私はいい女、だから男が関心を持つ」「男と一緒だと人生はもっと楽しくなる」と言葉に出すと、脳はさらにゴキゲンになります。

こんな簡単な方法に、なぜみんな気づかないのでしょう。自分の力でどうにかしようと頑張って、自分の方法から離れられないためでしょうか。

しかし、実際にこの方法を試してみると、本当に面白いほど、脳がみるみる機嫌良くなっていきます。そして、機嫌のいい脳を持つ人ばかりがまわりに集まってきます。「類は友を呼ぶ」のです。そういう人の輪の中にいると、さまざまないい話やモノ、人との出会いがもたらされます。

ツキのほうから、あなたにスッと近づいてくるのです。

Chapter 6

覚えておきたい価値ある知識

Point

- 「若くない」「キレイじゃない」「モテない」「仕事が嫌い」、というようなマイナスの言葉を一切口にしないようにしましょう。
- 心がウキウキしないことは、あなたが本心から望んでいないこと。心から喜べることだけをしましょう。

Chapter 7

「いい男」の条件

なぜ、「生理的に受けつけない人」がいるの？

人間の身体は、約六十兆個の細胞で構成されています。その細胞ひとつひとつに遺伝子DNAが組み込まれ、勝ち組遺伝子の情報がぎっしりと詰め込まれています。

ですから、あなたの勝ち組遺伝子は、あなた以上にあなたのことを知っています。

よく「彼と私は相性が良い・悪い」と言ったりしますが、それは単に「気が合う、話が合う、ウマが合う」かどうかだけではありません。

あなたの勝ち組遺伝子をスイッチONにしてくれる相手は相性が良く、スイッチOFFになってしまう相手は相性が悪い、ということです。

たとえば、初対面の人と会ったときなど、最初はどこか警戒しがちですが、十分から十五分で緊張がほぐれてくるでしょう。こうして築かれていく共感的な関係を、心理学の分野で「ラポール」と言います。

十五分ぐらいしても、「あの人はなぜか好きになれない」「手を握られるのもイヤ」と感じるなら、それは勝ち組遺伝子が拒絶を示しているためです。その反対に、「面白そうだ」「この人のことをもっと知りたい」と感じるなら、勝ち組遺伝子が相手を歓迎しているのです。

「この人と一緒にいると落ち着いた気分になれる」
「自分ひとりでいるときよりリラックスできる」
と感じたなら、勝ち組遺伝子が「相性抜群」と判断した証拠です。恋が始まる可能性がおおいにあります。そして、そういう場合は、相手もあなたと同じように感じていることが多いのです。

心の中を隠したりせず、「もっとお話ししていたい」「一緒にいる時間をつくりたい」と、打ち明けましょう。

そう、女性からアプローチして構わないのです。昔からよく言われる「男から誘うように仕向けろ」「もっと男に追わせろ」というのは、男の私に言わせれば、とんだ勘違いです。そんな小手先のテクニックなど、男はすぐに見破ってしまいます。そして、かえって追いかける気をなくしてしまいます。

それよりも、もっとおおらかに、正々堂々と、勝ち組遺伝子の声に従っていきましょう。それが、素敵な恋をかなえて幸せになっていくコツです。

「私には勝ち組遺伝子がついている」と思えば、どんなことも怖くなくなります。迷うことなく、相手の世界に入ってみましょう。そして、相手にもこちらの世界に入ってもらいましょう。

心を開き、「私はあなたが好きですよ」と思っていれば、相手も自然と心を開き、あなたに好感を抱いてくれます。

そして、相手の言葉に熱心に耳を傾けてあげてください。自分の話を熱心に聞いてもらって気分を害する人などいません。

目と目を合わせて会話をしたり、熱心に相づちを打ったりしていると、相手がこちらに対して抱く好感度はぐっと高まり、親密度がぐんぐん増していきます。

夢を語れない男、人の夢を否定する男は？

ある女性に、何となく長年つきあっている男性がいたとします。最初はとてもうまくいっていましたが、近頃どこか物足りなさを感じます。自分も彼も相変わらず貧乏で、将来の夢などひとつもないからです。一生このままかと思うと、たまらなくなります。

これは、まさに悲劇です。男性のひとりとして、私もその男を叱ってやりたくなります。**相手の女性を思う気持ちがあれば、のらりくらりしていられるはずがないのです。**「もっとお金を稼ごう」「幸せになっていこう」と、まっしぐらに突き進んでいって当然なのです。

もしあなた自身がそんな悲劇に見舞われたら、いったいどうするでしょう。

「私は彼の話を熱心に聞き、疑うことなどしなかった。何をどう言われても、頭から否定することはなかった。それでも彼は、こちらの言うことにはいちいちケチをつける。夢について語っていても、すべて『無理だ』と否定する。彼自身も夢を語ろうとしない。ひょっとすると、夢など思い描けないのかもしれない」

という場合です。私なら、即座に別れることを勧めます。夢を持てない男、語れない男、否定する男など、愛し続ける価値がありません。たとえどんなにやさしい性格でも、憎めないところがあっても、そんな男に恋や愛を捧げるのはもったいない。ほかにいくらでも、素晴らしい男がいるはずです。

別れる決心がつかない場合は、こんな方法を試してください。その男が本当に夢を持てず否定するだけの男かどうか、はっきりと見極めるための方法です。

たとえば朝、「おはよう、すごくいいお天気ね」とあなたが言ったとき、相手も気分のいい返事を返してくれるかどうか。

たとえば「そのネクタイすごく素敵ね」とほめると、素直に喜んでくれるか。また、あなたをほめてくれることがあるか。

「近頃、会社でうまくいってる?」と聞かれて、愚痴、不満、上司の悪口ばかり言う男か。それとも、何かしら前向きな意見を述べられる男か。

どんな友人たちとつきあっているか。彼のことはよくわからなくても、その周囲にいる友人たちを見れば、彼の本当の姿がよく見えてくるものです。

彼が両親のことをどう思っているのか聞いてみる。両親を大切に思い、尊敬しているか。それとも、両親を嫌い、悪く言ったり、バカにするような態度をとったりしていないか。

今ここに挙げたことはすべて、彼の人間性を確かめるための有効な手段です。「ああ、ダメだな」と思ったら早く未練を断ち切ったほうがいいでしょう。「それでも私にだけは良くしてくれる」などと、期待をかけないことです。彼にもいいところはあるのでしょうが、今の彼は、あなたを幸せにするだけの準備ができていません。あなたと恋をしていてさえそうなのですから、今後も無理と思って間違いありません。

それよりも、もっと夢を語れる男を選んでいってください。そういう男こそ、あなたを幸せにします。お互いの勝ち組遺伝子をONにしあえる相手を見つけて、恋も夢もお金も、すべての幸せも手に入れていきましょう。

お金持ちになろうとしない男、ワリカン男は?

夢を思い描けない男、夢を否定する男というのは、人生全般に対して後ろ向きです。

仕事やお金に関することも、「どうでもいいや」といったところです。

それでも、「男は黙って実行あるのみ」「夢は語るものじゃない、実現していくものだ」と言う人もいます。それならそれでよいのですが、同じ夢を実現していくのなら、言葉にして語ったほうが、その夢はぐんと大きなものに育っていきます。夢を実現するスピードも速まります。

ですから、照れてばかりいないで、どんどん夢を語るほうがいいのです。特に、お金に関する夢ははっきりと口に出すべきです。そしてまた、行動でも示していくべきです。

というのも、夢はあってもお金持ちになろうとしない男もいるからです。そういう男はたいてい、人におごられても平気な顔をしています。「ご馳走になりました、ありがとうございます」と、きちんと礼を述べられる男でなければ、人にもお金にも好かれません。

また、資金が十分でないのに女性をデートに誘い、お金を支払わせているような男、ワリカンが当たり前だと思っている男も、はっきり言って見込みがありません。

そういう男は、自分の夢はかなえたいが、周囲も幸せにできるようなお金持ちになるという意志に欠けています。おそらく、そこそこの夢をかなえて自己満足し、成長をやめてしまうでしょう。

大きな夢を抱き、語れる男というのは、お金に野心を持っています。良い金銭観を持ち、お金に対して大きな欲望を持っているからこそ、大きな夢を抱けるのです。

そういう意識で生きていると、人におごられてばかりいるのが苦痛になります。ましてや、恋人である女性に金銭面で頼るなど、自分で自分の夢を否定するようで、とてもできません。

「人にご馳走するのが習い性の男は出世する」、そう覚えておいてください。これは決して、男は女よりも優れているとか、偉いとか、そういうことではないのです。男性以上に仕事の能力があり、男性以上にお金を稼げる女性はたくさんいます。「だから女が男を養ったっていいじゃない」と思っている女性もいるでしょう。

それは個人の自由です。ただし、そのために相手の男性のことが尊敬できなくなったり、不満を感じたりするようになったとしたら？

経済的な事情でふたりの仲がしっくりいかないとしたら？

「ひとりの独立した人間として、どんな男も経済的にしっかりするべきだ」と言えないでしょうか。

私なら、「男がお金持ちになろうとしないのは論外」と考えます。女性にお金を払わせる男も、問題外です。「男に貢ぐ女性が男をダメにするのではなく、ダメな男だからそうなっている」からです。

男性も女性もともに、良い金銭観を持ち、お金に対する良い願望を養っていきましょう。

どんな金銭観を抱くかによって、その人の生き方が変わります。

お金に対してどんな欲望を持つかによって、その人の経済スケールが決まってきます。そして、どれだけお金を手に入れるかによって、人生の幸福や充実度が決定的に左右されます。

Chapter 7

覚えておきたい価値ある知識

Point

- 初対面で「なぜか好きになれない」と感じる相手は、あなたの勝ち組遺伝子が拒絶しているのです。
- 夢を語れない男、他人を否定する相手は、あなたを本当に幸せにすることはできないでしょう。
- 人にご馳走をするのが習い性の男は出世します。

Chapter 8
すぐに効く、魔法の言葉

「世界で一番いい女」に変わる〝最初の一言〟

恋をすると、脳が一気に、未来に対して開放的になります。

だから未来の夢が引き出される。その夢が、脳の自動目的達成装置に組み入れられる。そして、願ったことがすべて実現していく。こうした恋の不思議な力で、人生を切り開いていきましょう。

わずか半年の恋でもいい、恋をすればするほど、あなたはたくさんの夢をかなえていけます。

さあ、うんと素敵な恋をするために、今すぐ始めてほしいことがあります。恋をしていない人、すでに恋をしている人も、これから紹介する方法を実践して、恋するパワーを高めてください。

そして、勝ち組遺伝子のスイッチをＯＮにしてください。

どんな恋も、あなたが望めば必ず呼び寄せられる！

いい男もお金も手に入る！

ほしいもの、やりたかったことなど、夢がどんどんかなっていく！

というように、まるでミラクルのような出来事を次々と体験できます。

まず最初になすべきは、「私は世界で一番いい女である」と自分に宣言することです。そして、あなたが世界で一番いい女である理由を、具体的な言葉で書き出していくことです。

「私は誰よりも自分を大切に思い、愛している」

「私は自分の顔が世界一、気に入っている」

「特に、正面から見た顔がいい。澄んだ目がとてもキレイ」

「まつげが長い。唇がセクシーだ。鼻が高すぎないところが可愛い」

「化粧映えがする。チークを入れると、骨格がさらに立体的になる」

「いつもきちんと手入れしている手が美しい。ピンクのマニキュアがよく似合う」

「髪がツヤツヤ、サラサラしている。ヘアスタイルもカッコいい」

「おっぱいがボンッとあって、胸元の肌は透き通るように白い。性的な感度もいい」

「エクササイズしているから、ウエストがキュッとくびれている」

「歩くたびに、丸くてプリンッとしたヒップが揺れる」

「脚がスラッとしている。ハイヒールをはいたときなど、女っぽくてホレボレする」

「身体の芯から健康だ」

「明るく陽気な性格で、いつもたくさんの友達に囲まれている」

「両親や家族ととても仲が良い。愛情に恵まれて、本当にいい環境で育った」

「やさしい心の持ち主で、小さな子供や動物を大切にする」

「約束したことは必ず守る」

「仕事が好きで、一生懸命に取り組んでいる」

「いつもお金に感謝している。だからお金と相性が良い」

「つきあった男性は素敵な人ばかり。これからも、ものすごくいい男にたくさん出会う」
「私と縁のあった男性はみんな、どんどん出世していく」
「私にとって最高の男と、ずっと一緒に生きていく。互いに満たし満たされる」

というように、自分の大好きな点をリストアップしてください。いくつでも、挙げられるだけ挙げてください。

現実と食い違っていても構いません。あなたが「こうなりたい」と思う自分のことを書いていけばいいのです。

そのリストを、毎日必ず一回は声に出して読み上げてください。

「私は世界で一番いい女である」と、自分の脳に言い聞かせるのです。はじめは、紙に書いたものを見ながら行なうとよいでしょう。やがて、すっかり頭に入ってしまいます。

スラスラと暗唱できるようになったら、いつでもどこでも、ちょっと空いた時間を利用して、心の中で唱えてください。

繰り返し唱えていくと、考え方のくせが良い方向に転換され、勝ち組遺伝子のスイッチがONになります。

とびきりの男との出会いを引き寄せるために

あなたは「世界一いい女」というイメージを確立しました。その「世界一いい女」にふさわしい素敵な男性とは、いったいどんな人物でしょう。さあ今度は、世界一の女性にふさわしい、とびきりの男をイメージする番です。

その男性の年齢はいくつくらい？
身長・体重・体型はどんなふう？
どんな顔をしていて、たとえば有名人で言うと誰に似ている？
その人の髪型、着ているもの、歩き方、声や喋《しゃべ》り方は？
どんな職業に就いていて、どれくらい収入がある？
どれくらい財産を持っている？

住んでいる家、別荘、車などは？
どんなスポーツを好み、どんな特技や趣味を持っている人か？
生い立ち、家庭環境、性格は？
あなたのどこに惹かれて、どんなふうに愛しているか？
デートで連れていってくれる場所は？
ふたりで行く旅行はどこ？
ベッドではどんな愛し方をする人？

あなたは、ただ思いつくまま書き出していけばいいのです。自分がほしいものを言葉にすることで、願いを実現できる可能性がぐんぐん高まります。

実際に、この方法で理想の男性と出会い、理想的な結婚を果たした女性が何人もいます。

その中のひとりは、「私の未来の夫はこういう人」というイメージをノートに書き出し、毎晩眠る前に眺めていました。すると本当に、四カ月後にはイメージどおりの素敵な男性と出会い、その半年後に婚約し、まさに思い描いていたような結婚生活を送っています。

あなたもできるだけ欲張って、とびきりの男をイメージしてください。

そうすれば、イメージしたとおりの理想の男性が、あなたの一生のパートナーとしてあらわれることでしょう。

最高に魅力的ないい女にふさわしい「とびきりの男」の条件

年齢……………………………… 身長………………………………

体重……………………………… 体型………………………………

外見………………………………………………………………………

性格………………………………………………………………………

職業………………………………………………………………………

年収………………………………………………………………………

財産(家・別荘・車など)………………………………………………

…………………………………………………………………………………

趣味や特技…………………………………………………………………

…………………………………………………………………………………

生い立ち、家庭環境………………………………………………………

…………………………………………………………………………………

セックス……………………………………………………………………

…………………………………………………………………………………

体力や健康度………………………………………………………………

…………………………………………………………………………………

そのほかの理想の条件……………………………………………………

…………………………………………………………………………………

「出会い」の前にしておくべきこと

望みどおりの素敵な出会いの訪れを待つ間も、やるべきことはたくさんあります。とびきりいい男の出現に備え、いつでも恋をスタートできる準備を整えるのです。

まずは、**彼に見てもらいたい自分の姿を磨き上げてください。**

肌や髪の手入れはもちろん、デートに着ていきたい洋服をそろえておきます。彼にどんな言葉で自分の気持ちを伝えるかも、今から考えておきましょう。

そして、彼に似合いそうなネクタイなどを探しに、デパートやブティックへ行ってください。実際に買い求め、プレゼント用のラッピングをしてもらってください。

つまり、「自分には理想の恋人がいる。深く愛しあっている人がいる」という気持ちになって、すべての行動を起こしていくのです。こうすることで、脳が恋愛モードに切り換わります。未来の恋を先取り体験し、後からついてくる現実を思いどおりに変えられる脳になっていきます。

これと同じように、脳をお金持ちモードに切り換えましょう。現実はまだ裕福になっていなくても、すでにお金持ちになった気分で行動してください。

たとえば、いつも財布の中に十万円以上用意しておく。

ゴールドのクレジットカードを持つ。

銀行が発行する自分名義の小切手帳を持つ。そんなふうにして街に出かけると、いつもと同じウィンドーショッピングも、がぜん違ったものになってきます。

高級ブティックへ足を踏み入れるのも一段と楽しくなりますし、「私はリッチな女。買おうと思えば、いつでもほしいものが買える」というように、余裕のある心で余裕のある行動がとれるようになります。

一着三十万円、五十万円という値札のついた洋服を眺めていても、さして驚きません。「ふうん、パリへ遊びに行くのとたいして変わらないお値段ね」と思えるようになったらもう、あなたの未来はどんどんリッチなものになっていくに決まっています。

脳を「恋愛モード」に切り換える言葉と行動

言葉（例）

「本当にメロメロ」
「私は愛されている」
「すごく幸せ」
「さあ恋のアクセルを踏み込もう」

そのほか、自分なりの言葉をリストアップしましょう。

……………………………………………………………

……………………………………………………………

……………………………………………………………

……………………………………………………………

行動（例）

髪や肌の手入れ方法
デートに着ていきたい洋服
どんな言葉で自分の気持ちを伝えるか

そのほか、自分がしたいと思う行動をリストアップしましょう

……………………………………………………………

……………………………………………………………

……………………………………………………………

……………………………………………………………

脳を「お金持ちモード」に切り換える言葉と行動

言葉(例)

「私はリッチな女」

「お金大好き」

「お金があるから人生うまくいく」

そのほか、自分なりの言葉をリストアップしましょう。


……………………………………………

……………………………………………

……………………………………………

……………………………………………

行動(例)

財布の中身を増額する
ゴールドのクレジットカードを持つ
自分名義の小切手帳を持つ
そのほか、自分がしたいと思う行動をリストアップしましょう

……………………………………………

……………………………………………

……………………………………………

……………………………………………

「愛される私」のイメージはこうして植えつける

あなたの理想の恋人は、あなたのどこに惹かれて、どんなふうに愛してくれるのか。そんな彼の愛を、あなたはどう感じ、どんなふうに満たされていくのか。こうした「快」のイメージをはっきりと思い描き、身体で感じられるようになることが重要です。

「彼は私のすべてが好きだと言う。特に、素顔の私を見るのが好きだと言う」
「素顔が可愛いとほめてもらうと、すごくうれしい。丸ごと愛してくれているんだなと実感する」
「だから私は、肌のお手入れをしっかりして、さらにピカピカの素肌になる」

これはほんの一例ですが、「愛される私」「満たされている私」というイメージを脳に植えつけて、現実に「愛される自分」「満たされる自分」へと生まれ変わっていくことができるのです。

「私の彼は、とても頼りになる存在だ。何か困ったことがあっても、彼に相談するとたちまち解決してしまう。だから私は、どんなときでも安心していられる。彼の大きな力で守られていると感じる」

「彼は、私が楽しそうにお喋りするのを、いつもニコニコと聞いてくれる。陽気で明るい雰囲気が大好きなのだ。彼と話をしていると、自分がとても価値のある女に思える。彼をもっと楽しませたい。くつろがせたい」

「彼と私は、性的な相性が抜群にいい。彼とのセックスほど、私を燃え上がらせるものはない。頭の中を空っぽにして、どこまでも自由に、そしてどこまでも大胆になれる。それがわかっているから、抱きあったりキスをしたりするだけで満たされた気持ちになってしまう」


さあ、あなたも「こんなふうに愛されたい」「こんなふうに満たされたい」という思いをイメージ化してください。そのイメージをより鮮明なものにするために、具体的な言葉で表現してください。そして、「強く深く愛されて、とても満ち足りている自分」の姿を、頭の中でリアルな映像シーンのようになるまで思い描いていってください。

人間の想像力は、現実をリードする力があります。

どうすれば、うまくイメージできるようになる?

もしあなたが、より良い未来をイメージできないと感じているなら、そこには何かしら、想像力をブロックしている障害物があります。その障害物を取り去るには、堂々めぐりの思考をストップし、身体で行動していくことです。考えることをやめて身体を動かしていると、意外にもスッといい答えが見つかります。

たとえば、十五分程度のジョギング、あるいは、水泳、ダンス、テニスなど、ひたすら目前のことに集中して身体を動かしていると、とてつもない着想が生まれる場合があります。

何かに夢中になって思いきり集中すると、一気にストレスを解消できるからです。

ある一点に集中するとかえってストレスをためてしまうのではないかと心配する人も多いのですが、実際はその逆です。**集中の山が高いほど、リラックスの谷も深くなり**

ます。

脳の疲労をこまめに解消し、集中とリラックスの度合いを深める。これが、想像力を高めるコツです。

また、いつもの生活習慣に変化をつけることも大切です。あなたにもきっと、無意識に繰り返している生活習慣がいくつもあるでしょう。メイクアップの手順がいつも同じだったり、選ぶ口紅がいつも同じような色ばかりだったり、というように。

長年にわたって慣れ親しんできた習慣なら、「これさえ続けていれば大丈夫」という大きな安心感があるでしょう。しかし、慣れは人生を安定させますが、変化がなければ成長できないというのも事実です。

単調な生活リズムや行動パターンに浸りきっていると脳のはたらきが鈍るため、イキイキとした想像力や思考を引き出せません。何か新しいことや、常識では考えられないことを行なおうとしても難しいのです。

自分の想像力のマンネリ化に気づいたなら、生活リズムに思いきったアクセントをつけてください。習慣の殻を破ってください。そして、いつもと違う行動に踏み出してください。

「脳内デート」で最高の彼とのデートを実現する

憧れの人物に「なったつもり」で考えたり、行動したりしてみる。この「なりきり」という手法は、とても高い効果があります。たとえば、大好きなあの女優だったらどんなふうに歩くのか、自分がその女優になったつもりで歩いてみる。あの人だったらどんな食事をするだろう、どんな男性とどんなデートをするだろうと、「なりきって」考えてみるのです。

まずは、理想の姿になったあなたと理想の彼とが、理想の一夜を過ごすシーンを頭の中でシミュレーションしてください。そして、ほしいものを次々と手に入れている姿を想像してください。これは「脳内デート」「脳内ベッドシーン」「脳内贅沢」を味わうということです。

彼とレストランで食事をしているシーン
ふたりが着ているもの、乗っていく車
会話の内容、うれしそうな彼の表情

手をつなぎ、寄り添って歩く感覚
あなたにメロメロの彼が、ベッドでしてくれること
翌日、ふたりで買い物に行き、ほしかったものを手に入れるときの喜び

こうした場面をひとつずつ克明にイメージしてください。

最初はとほうもない考えに思われるようなことも、やがてしっくりと心に馴染んできます。

そして、自分の目指す現実はこれなんだと、無理なく考えられるようになっていきます。これが、「なりきり」によってもたらされる新しい自己像です。

「なりきり」の対象は、有名人とは限りません。無名の人や身近な人であっても、あなたが「ああなりたい」と思う人物であるなら、いいのです。

また、複数の人から良い部分だけを集めて、理想的な人物像をつくり上げるのもいいでしょう。

こうなりたいと望むだけでなく、すでにそうなっているつもりになってふるまう、ふりをするというのは、より良い人生を引き寄せるテクニックのひとつです。

勝ち組遺伝子が目覚める言葉

脳に備わる自動目的達成装置を稼働させ、勝ち組遺伝子のスイッチをONにするのは、あなた自身が発する言葉です。恋をしている人はもちろん、恋をしていない人も、ぜひこう言ってください。

「彼もお金も大好き、最高に幸せ！」

この一言が、脳の自動目的達成装置にはたらきかけます。そして、勝ち組遺伝子のスイッチをONにします。

一日に何回も、はっきりと口に出してください。まわりに誰か人がいる場合は、そっと心の中でつぶやくだけでもいいのです。肝心なのは、あなたが自分に言い聞かせることです。

そして、あなたがこの言葉を自分だけでなく他者にも向けて言えるようになると、みるみる効果が出てきます。もしそうできなくても、「彼もお金も大好き、最高に幸せと口にするだけで幸せになれるらしい、そう本に書いてあった」と話すだけでも効果があります。ますます素敵な恋とたくさんのお金を引き寄せられるのです。

そう、**言葉は、その言葉を発した人が一身に恩恵を受けられるからです。**

ただし、はじめのうちはたいした変化がなくても焦らないことです。効果のあらわれ方は、人によって異なります。早い人なら一週間ではっきりと良い変化があらわれます。平均的には、一カ月ほど要する、というのがおおまかな目安です。

現実に良い変化が起こり始めたら、「どうしてこんなにスイスイと事が運ぶのだろう」と喜んでください。そして、**「もっといいことが起こる」「だって私は彼もお金も大好きで、最高に幸せだから」**と言い続けてください。そうした言葉を脳が読み取り、ますます良いはたらきをしてくれます。

あれこれ悩むより、脳のコンピュータにすべて任せてください。あなたの脳には、自動目的達成装置と、勝ち組遺伝子が備わっています。

理想の将来を実現させる「アファメーション」

これからのことについて肯定的な断言をすることを、「アファメーション」と言います。つまり、自分の心に誓う「誓約」のようなものです。

自分の未来に対するアファメーションをつくると、生きていくうえでの大きな支えとなります。

「自分の未来はこうなる」と言いきったとき、その未来のイメージが心にくっきりと刻印されるのです。すると、どんな場合も、肩の力を抜いてリラックスし、「自然と道が開けていく」と信じられるようになります。

人生で道に迷いそうになっても、アファメーションを思い起こせば、進むべき方向を見誤ることがありません。

あなたは、自分の未来をどのようなものにしたいと思っているでしょうか。

なりたい自分、かなえたい夢、手に入れたいもの、やってみたいことなど、いくつ挙げることができるでしょうか。

ただ漠然と「恋がしたい」「お金持ちになりたい」「もっと幸せになりたい」というだけでは、その思いはアファメーションになりません。もっと具体的に夢を思い描き、少なくとも十箇条のアファメーションをつくってください。

「ウエスト六〇センチのスリムなボディになる」

「仕事がデキるハンサムな男性と出会って恋をする」
「毎年、必ず一度は海外旅行をする」
「○○に自分たちの家を持つ」

というように、**できるだけ具体的なことを書き出し、いつも自分の脳に言い聞かせてください。**そのアファメーションが、脳の自動目的達成装置と勝ち組遺伝子をONにします。

アファメーションの内容をかなえるための手立てを、思ってもみなかった方角から集めてきます。

アファメーションは、いつでも好きなときに書き換えて構いません。夢がひとつかなったら、さらに新しい夢をつけ加えていってください。

自分をほめ、他人をほめ、なりたい自分になる言霊《ことだま》パワー

一日に何度も鏡を見る、鏡に向かう時間を長くする。それだけで、自分の顔がますます好きになっていけます。さらに、自分で自分をほめていくと、もっと「いい女」になっていけます。自律神経系がそのほめ言葉を読み取って、身体で表現していこうとするからです。

「おはよう、今日も顔色がいいね」

「私ってホントいい女だわ。肌がこんなにツヤツヤしてるし、チャーミングな顔立ちをしている」

こうして、自分を手放しでほめるのは、ちょっとやりにくいことかもしれません。でも、誰も見ていないところで行なうのなら、何も恥ずかしがる必要はありません。ぜひ一度試してごらんなさい。案外スッとできてしまい、気分がウキウキとしてきます。

さあ思う存分、自分をほめてあげてください。そして、毎日の習慣にしてください。

恋とお金を引き寄せる「アファメーション」

「こんな恋がしたい」「こんなお金持ちになりたい」「こんなふうに幸せになりたい」という夢を具体的に思い描き、少なくとも10箇条のアファメーションをつくってください。

（例）**「大きな考え、大きな夢を持つ素敵な男性に出会って恋をする」**

「○○に自分たちの家を持つ」

「毎年ヴァカンスでヨーロッパの都市や田舎をめぐる」

1 ……………………………………

2 ……………………………………

3 ……………………………………

4 ……………………………………

5 ……………………………………

6 ……………………………………

7 ……………………………………

8 ……………………………………

9 ……………………………………

10 ……………………………………

11 ……………………………………

12 ……………………………………

13 ……………………………………

14 ……………………………………

さらに**自分以外の誰かをほめると、とても効果が上がっていきます。**あなたが口にするほめ言葉は、すべてあなた自身に返ってくるからです。

「うわあ、その髪型、素敵ねえ」
「あなたは美人だから、何を着ても似合うわ」
「いいなあ、モテてモテてしょうがないでしょ」

こんなふうにほめられたら、誰だってうれしいものです。相手はあなたのことを、「なんて素直ないい人だろう。人をほめられるのは、心に余裕がある証拠だ」と、良い解釈をしてくれます。

ですから、単なるお世辞や口先だけのほめ言葉としてではなく、真剣にほめてください。相手は心から喜んで元気になってくれますし、あなた自身はもっと元気になっていけます。そしてほめられた相手よりも、あなた自身が美しくなっていけるのです。

恋もお金も引き寄せる〝プラスの口ぐせ〟

「いつも素敵な恋をしていたい」というのを口ぐせにしている女性は、その言葉のとおり、いつも素敵な恋に恵まれています。言葉に宿る言霊パワーが脳にはたらきかけ、恋のチャンスを引き寄せるからです。

「私はいつも裕福でいたい」と言っている人も、言霊の力で裕福な人生を歩めます。決してお金に困ることのないよう、自然とお金がまわってくるような状態を、脳がつくり出していくからです。

恋もお金も引き寄せる、良い口ぐせをたくさん持ってください。「よし、私はこの口ぐせでいこう」と決めたなら、できる限り頻繁に、実際に口に出してください。

はじめは、ちょっとだけ意識をはたらかせる必要があるでしょう。うっかりすると、その日は一度も良い口ぐせを言わずに終わってしまった、ということがあるかもしれません、それは、まだ本当の口ぐせになっていないからです。

けれど、「自分には恋もお金も引き寄せる言葉がある」と、思い出すたび意識的に口にするように努めていると、やがて無意識に口をついて出てくるようになります。そうなったら、あなたの脳の深いところに、その言霊パワーが染み込んだ証拠です。

ただし、ひとつだけ注意しておきたいのは、**「もし素敵な男性に出会ったら」**とか、**「もしお金があったら」と、現在を否定するような言葉を選んではいけない、**ということです。

「もしも……」と仮定法でばかり話していると、現実を変えていく力が宿りません。「もし、あと三キロやせたら、素敵な男性に声をかけられるかも」「もしもこの仕事がうまくいったら、もっといいマンションに引っ越せるかも」というのでは、いくら待っても望みがかなわないのです。

「私は恋にもお金にも恵まれている」「スタイルがいい」「この仕事はうまくいく」「望んでいるマンションに引っ越しができる」というように、自分の夢や望みをすべて、現在進行形の言葉で表現していってください。

成功する人が、眠る前に必ずしている習慣

私の口ぐせ理論と眠りのメカニズムを組みあわせると、**眠りにつくときこそ、最も大きな口ぐせ効果が得られるチャンスだと言えます。**

就寝前、部屋は照明を落としているので、視覚情報がほとんど脳に入ってきません。また、夜は外の世界が静かですし、テレビやラジオも消しているはずなので、最低限

の音しか聞こえません。また、味覚や嗅覚もほとんど機能していません。しかもふかふかの布団に包まれているため、触覚は最高の状態に置かれています。

つまり、寝室でベッドに横たわっているとき、脳も身体も最高に心地良くリラックスしているのです。

ここで目を閉じたまま、良い言葉を唱えるとどうなるでしょうか。

私たちの脳は、自分が口にする言葉だけと向かいあう状態となり、ふだんの何倍もの集中力をもって、その言葉をキャッチします。


「今日もいい一日だった。明日はもっといいことが起こる」

「恋も仕事も順調だ」

「私は日に日にキレイになっていく」

「さらに深く愛される、さらに幸せになっていく」

「ますますお金が殖えていく」


こういう良い言葉を、就寝前の「まくら言葉」にしてください。眠りに入ろうとしているときに、良い「まくら言葉」を唱えると、まるでスッと引き込まれるように快適な眠りにつくことができます。翌朝の目覚めも「快」そのものです。

眠りは、単なる休息ではありません。

私たちが眠っている間も、自律神経系は休むことなくはたらき、脳と身体のメンテナンスと活性化作業を行なっています。自動目的達成装置も夢をかなえる手立てを探し続けています。

その大切な眠りの時間を最大限に活用し、自動目的達成装置に良い言葉の栄養を与える。これが、眠りながら次々と夢を現実にしていく人の睡眠習慣です。

愛とお金を引き寄せる「まくら言葉」

自分の気に入った「まくら言葉」を唱えてぐっすり眠り、夢を現実の形にしていきましょう。これが、眠りながら次々と夢を現実にしていく人の睡眠習慣です。

（例）**「今日もいい一日だった。ありがとうございます」**

「明日の私はもっとキレイになっている」

「素敵な男性に出会える予感がする」

不安が浮かんだら、この言葉

一日二十四時間のうち一度や二度は、望まぬ場面に遭遇したり、好ましくない出来事が起きたりしてしまうかもしれません。会いたくない人にばったり出くわす、電車が遅れて約束の時間を守れない、わざわざ訪ねていった店が臨時休業していた、財布を落としてしまった、というようなことです。

そんなときは、ちょっと無理してでも「これでいいんだ」と言ってみてください。**「なぜ、これでいいのか」という理由は、考えなくて構いません。口に出してしまえば、あとは脳が答えを探し出し、「これでよかった」という結果に導いてくれます。**

ときには、答えがはっきりとしないまま何日も経過してしまうかもしれません。ある日突然、これでよかった理由が目の前に出てくるかもしれません。場合によっては「これでいい」と言った五分後にはもう、「なるほど、そういうことなのか」とはっきり認識できることもあります。

「これでいい」という一言が、脳に強烈な「快」の信号を送り届けます。解決困難と思われる悪条件に置かれていても、脳はそんなことには目もくれません。解決へとつながるデータばかりを収集し、何とか良い結果を生み出す方向へと動いていきます。

心に不安や心配が浮かんだときも、即座に言葉の力で打ち消してください。

「あの人に嫌われたのではないか」↓**「すべてはうまくいっている。私は好かれている。明日はもっと好きになってもらえる」**

「リストラされたらどうしよう」↓**「大丈夫。私は優秀な人材だ。どこへ行っても道は開ける」**

というように、不安や心配を「毒消し言葉」で塗り替えてしまうのです。必要なら何回でも口にして、脳がすっかり「安心モード」に切り換わるまで続けてください。

すると本当に不思議なことに、たとえ大きなダメージを受けてしまった場合にも、脳がきちんと解決してくれるのです。

失恋から立ち直る一番の方法

恋は生き物です。時間の経過とともに変化していき、やがて消滅する時も訪れます。そうなってしまったら、お互いに無理して一緒にいることはないでしょう。

つまみ食いのような恋よりも、長く続いて深まっていく恋愛関係のほうが望ましい。けれど、お互いに求めているものやタイミングが合わなければ、それ以上続けられない場合もあるのです。

それに、ひとつの恋が終わったからといって、すべてが終わりというわけではありません。これからも、恋のチャンスはいくらでもあります。もっと素敵な男性にめぐりあうことができます。

さあ、失恋してしまった人、まだ新しい恋が始まっていない人は、今すぐ頭のスイッチを切り換えましょう。次の新しい恋を始める準備をしてください。それが、失恋の痛手から立ち直る一番の方法です。よく効く「魔法の言葉」を挙げておきます。毎日欠かさずに、何度もこれを唱えてください。

不安を打ち消す「毒消し言葉」

心に不安や心配が浮かんだときは、即座に言葉の力で打ち消してください。不安や心配を「毒消し言葉」で塗り替えてしまうのです。必要なら何回でも口にして、脳がすっかり「安心モード」に切り換わるまで続けてください。

（例）**「これでいいんだ」**

「すべて順調」

「大丈夫、必ずうまくいく」

「私は人間が大好きです。人の心に生まれる愛の素晴らしさを知っています」

「人を愛するとき、どれほど強いエネルギーが湧くか知っています」

「人に恋したり、憧れたりする気持ちが大きく育つとき、私の潜在能力は全開で発揮されます」

「そのうえ、私が愛する人に愛されるとき、潜在能力は無限の力を得ます」

「そんな偉大な自分をつくり出してくれるのは、私の勝ち組遺伝子です」

「勝ち組遺伝子には、私が最高の人生を歩むための情報と手立てがすべて凝縮されています」

「私は近い将来、愛し愛される人とめぐりあうことを、実感として確信しています」


この七つの言葉の力で、あなたは生まれ変わることができます。そして、今まで以上に幸せになっていくことができます。

Chapter 8
覚えておきたい価値ある知識

Point

- 自分の好きなところをリストアップして読み上げましょう。悪い考えぐせが良い方向に転換されます。
- 最高に魅力的な女性（あなた）にふさわしい、理想の男性像を決めましょう。理想の男性が引き寄せられてきます。
- 彼に似合うネクタイを探しに行く、いつも財布に十万円用意しておくなど、すでに「恋人がいる気分」「お金持ちになった気分」で行動を起こしましょう。
- 「愛されて満ち足りている」シーンを、頭の中で映画を観るように思い描きましょう。彼の肌触り、あたたかさまで感じられるようになると、夢が現実になっていきます。
- うまくイメージができないときは、考えるのをやめて身体を動かしたり、メイクを変えたりするなど、いつもと違う行動をとりましょう。
- 憧れの人物になったつもりで考え、行動してみる。この「なりきり」という手法は、とても高い効果があります。
- 「彼もお金も大好き」と、一日に何回も声に出して言いましょう。

Chapter 8 Point

さらに、この言葉を他者に向けて言えるようになると、ますます効果は高まります。

- 将来の夢や希望はすべてかなう、と断言する「アファメーション」をつくりましょう。
- ほめ言葉は、ほめられた人より、ほめた人自身がその恩恵を受けます。
- 「もしも素敵な男性がいたら」「もしもお金があったら」と、現在を否定するような言葉を選んではいけません。
- 眠りにつくひとときは、ふだんの何倍もの集中力を持って、自分が口にする言葉を脳に言い聞かせることができます。
- 不安や心配が浮かんだら、即座に「毒消し言葉」で打ち消しましょう。

Chapter 9 「いい男」の育て方

男が夢を語ったときは、とにかく共感！

「過去に何度もフラれたことがある」「いつも、つきあっている男性から別れを切り出されてしまう」という女性は、これまでいかに言葉の使い方を誤っていたかに気づいてください。

男性が女性に何よりも求めているのは、共感です。恋人が自分の話を熱心に聞いてくれる、自分の可能性を信じてくれる、自分が語る夢や希望に「そうね、すごくいいわね」と共感してくれる。男性にとって、これほどうれしいことはありません。

逆に、「なにをバカなこと言ってるの」「夢ばかり追いかけていないでちょうだい」

と夢を否定してしまうと、男はとたんに意欲を失います。恋のパワーも愛情も、急速に冷めていってしまいます。

これが、恋を終わらせてしまった本当の原因です。また、「あなたってダメね」「いつになったら出世できるの」「もっとお金を稼いでちょうだい」という言葉も絶対に禁句です。彼にダメージを与え、わざわざ嫌われるように仕向けてしまうだけでなく、言ったあなた自身はさらに大きなダメージを受けます。言えば言うほどストレスがつのり、何でもないことにイライラしたり、いつどこで何をしていても欲求不満から逃れることができなくなったりするのです。

相手を否定するような言葉を決して口にしない。というのは、何よりも自分のためです。相手をおだてていい気分にさせるためではありません。そんなことは二の次、と考えてよいくらいです。

いつもいい気分で男性に接する。男に夢を語らせ、本人も気づかなかった大きな夢を引き出す。さらにビッグな夢を育てていける。それができる女性は、男にとことん愛されます。そして、男に力を与え、夢を本当に実現させてしまいます。

恋人になった男性を「いい男」に育てる。あなた自身は「いい男」に愛される「いい女」になっていく。そのためになすべきことは、彼の夢に共感を示す言葉を惜しみなく使っていくことです。

男を成長させる「魔法の言葉」

「私、あなたが大好き。あなたも私のこと愛してる?」と言うのが口ぐせになっている女性は多いでしょう。それに対して相手の男性も、「好きだよ」「愛してるよ」と返してくれるなら、ふたりの仲は安泰です。「私はこの人が好きだ、愛している」と口にすることで、言葉どおりの脳内配線がつくられていくからです。

まさに、愛の言葉は偉大です。「お前はキレイだ、愛してるよ」の一言で、女性はどんどん美しくなっていくことができます。脳内に分泌される快楽ホルモンのシャワーを浴びているような状態となり、全身の細胞がイキイキと活性化するからです。

けれど男は、愛の言葉だけでは成長することができません。**もっと自分の能力に自信を与えてくれる言葉が必要なのです。**

なぜだか、おわかりですか? 女性の場合は容姿への自信がセルフイメージの基礎になっていますが、**男性の場合は体力や仕事、能力への自信が基礎だからです。**

そうとわかれば、男を成長させる「魔法の言葉」をどんどん彼にふりかけていきましょう。どんな些細なことでもいい、彼の能力をほめまくってください。

「あなたって、人が見落としてしまうこともちゃんと見ている。本当にすごい」

「車の運転が上手でカッコいい。方向感覚も抜群」

「ワインにすごく詳しいのね。尊敬しちゃう」

「決断力があって頼もしい。やっぱり男は頼りになる」

「夢のスケールが大きい。きっと将来は大物になるわ」

「大丈夫。あなたなら必ずできる」

こうしたほめ言葉が引き金となり、彼は絶対的な自信を強めていきます。そして、ますます「いい男」に成長していきます。そう、言葉の力を使うと、すべてが驚くほど変わっていくのです。

さらに、言葉は上手に使えば使うほど殖えていく「財産」のようなものです。使っても使っても減ることなく、愛と富を育んでいきます。

彼を成長させる魔法の言葉

感謝を伝える言葉

……………………………………………………

……………………………………………………

……………………………………………………

愛情表現の言葉

……………………………………………………

……………………………………………………

……………………………………………………

共感を示す言葉

……………………………………………………

……………………………………………………

感激を示す言葉

……………………………………………………

……………………………………………………

励ましの言葉

……………………………………………………

……………………………………………………

自信を与える言葉

……………………………………………………

……………………………………………………

……………………………………………………

ベッドで彼とお喋りしておきたいこと

たとえば三年先、五年先のことは目に見えません。けれど、将来の自分はどうありたいか、頭の中でその姿を思い描くことができます。また、自分と彼がどんな未来をつくり出すのか、ふたりが同じようなイメージを持ち、頭の中で共通の想像体験をすることができます。

あなたが夢を語り、彼も夢を語るとき、ふたりでその夢を想像体験してください。ベッドでくつろぎながらお喋りする時間などは、まさに絶好のタイミングです。

夢が実現して喜んでいる場面、もっと大きな夢に向かっていこうとしている場面など、考えるだけで身体が熱くなり、胸がドキドキ高鳴るようなイメージを広げてください。

ただ、漠然と心に浮かべるのではなく、まるで映画の一場面のように、リアルに視覚化して思い描くことが大切です。

もし彼が「将来は高級外車に乗りたい」と言うのなら、その高級外車の様子をこと細かに聞き出してください。どんな形、色、大きさ、デザイン、手ざわりなのか。どこを、どのくらいのスピードで走っているのか。あなたは彼の隣に座っているのか。どんな様子でいるのか。ガレージはどこにあって、どんなふうに駐車するのか。

なくても「ある」と思い込むことで、未来の現実を変えていけます。一日一回、わずか十五分程度でも、想像体験を続けていくと、半年後には、約百八十回も現実に経験したのと同じくらいの情報が、脳の自律神経系に組み込まれるからです。

つまり、夢を夢で終わらせない力がはたらくようになるのです。あり得ないと思っているうちは、夢は現実になりません。本気で望み、本気で話ができるようになると、夢が実現する確率が限りなく高まります。

二度に一度はこれ！　夢をかなえるデートコース

「自分の好きなものを見つける」

「手に入れたいという願望を持つ」

「その願望を口にしたり、想像体験をしたりする」

こういう手順を踏んでいくと、脳の自動目的達成装置が作動して、願望を実現の軌道に乗せます。逆に言うと、願望を実現できない本当の理由は、自動目的達成装置に願望をインプットしていないからです。

また、**人間は、知らないものをほしいと願ったり、未来の目標としたりすることができません。知らないものは想像することができないからです。**

ですから、日頃からさまざまなものを見て、触れて、自分の好きなものを知っておく必要があります。想像できる範囲を広げるために、現実世界での豊かな経験、知識、情報が求められる、ということです。

そこで、彼とのデートも三度に一度は、できるだけ高級なレストランやブティック、一流デパートの売り場をめぐるようにしてください。本物のクオリティに触れ、本当に価値あるものを見分ける目を養ってください。

彼とふたりで、億ションのショールームめぐりをするのもいいでしょう。超高級物件だけに的をしぼり、そういうところに住むのにふさわしい、きちんとした服装をし

彼に語らせたいビッグな夢

彼はどんな分野で成功したいと望んでいる?

…………………………………………………………

…………………………………………………………

具体的にどんなことをしたいと考えている?

…………………………………………………………

…………………………………………………………

いくらくらい稼ぎたいと思っている?

…………………………………………………………

…………………………………………………………

彼が手に入れたい品物は?

…………………………………………………………

…………………………………………………………

彼が築きたい人間関係は?

…………………………………………………………

…………………………………………………………

彼にとって理想の人物像は誰?

…………………………………………………………

…………………………………………………………

彼はどんな自分になりたがっている?

…………………………………………………………

…………………………………………………………

て下見に出かけるのです。

ショールームを案内してくれる係の人に対しても、堂々とふるまってください。「自分たちにはとても手が届かない」と言うのではなく、いかにも買いそうな口ぶりでいてください。

脳は、あなた方の言葉をもれなく読み取っています。

係の人がどう受けとめるかではなく、自分たちの脳に向かって良い言葉だけを発する心構えが肝心です。

そうして現物に触れると、脳はいよいよ本気になります。百万語にもまさる膨大な情報が、脳にしっかり焼きつきます。実際に、こうした方法で億ション購入を果たしたカップルが何組もいます。

Chapter 9
覚えておきたい価値ある知識

Point

・彼にどんどん夢を語らせて、心の中にある夢を引き出してあげましょう。
・彼がビッグな男に成長しますし、あなたはさらに愛されるようになります。
・男は、自分に自信を与えてくれる言葉を必要としています。
・彼とふたりで、共通の想像体験を持ちましょう。
・「本物」を見て、触れて、その価値を感じ取りましょう。五感を通して知ることで、夢に早くたどりつけます。

Chapter 10

男をとりこにするコツ、女を上げるコツ

いい男ほど女性の素敵な告白に弱いって本当？

昔から「女が男を追うと失敗する」「男をその気にさせ、男に追わせろ」と言われます。原始狩猟採集時代の「ハンター精神」が遺伝子を通じて今も男の中に脈々と生き続けていることを考えれば、まったく間違った意見ではありません。

けれど、ハンティングの本質は、ひたすら獲物を追いかけることばかりではありません。むしろ、やみくもな追跡は無益と心得て、獲物があらわれるのをじっと待つ忍耐力が要求されます。またときには、姿を見せない獲物がかかるよう、罠を仕掛ける知恵が要ります。

その点、女性なら誰でもいい、とにかく追いかけるのが好きだという男は、本物のハンターではありません。単なる「狩猟ごっこ」をしている子供みたいなものです。

子供じみた「ごっこ遊び」では、飽きがくるのも早いのです。追いかけていたつもりが、いつの間にか追いかけられる立場になっていると気づくと、遊びの熱もたちまち冷めてしまいます。「女が男を追うと失敗する」というのは、これを指しているのでしょう。

成熟した「いい男」は、仕留める価値のある獲物を追います。少々手強い獲物であるほど、男たちはエネルギーを高め、ダッシュをかけていきます。**そしてその獲物というのは、自分の「いい女」に捧げるためのものです。**

「いい男ほど女性の素敵な告白に弱い」というのも本当です。女性から「私はあなたの能力を買っている」「あなたなら大きな獲物を仕留めるという確信がある」と言われると、猛然と「ハンター精神」を奮い起こします。

素敵な告白のツボはここです。**「私を追いかけてほしい」と誘いかけるのではなく、「夢を追いかけ、大きな夢を仕留めてほしい」と、男をその気にさせる言葉こそ力を持っているのです。**

自分をその気にさせ、力を与えてくれる女性に、男は夢中になります。そして、できるだけ大きな夢を仕留めて、その女性に喜んでもらいたいと思っています。

いい男に、三倍好きになってもらう秘訣

電話、Eメール、携帯メールなどを使ったスピーディーなコミュニケーションが当たり前の時代だからこそ、**あえて少しだけ時間をかけたやりとりが効果を発揮します。**

たとえば、友達と出かけた海外旅行の滞在先から、彼にエアメールのラブレターを出す。ほんの数行のメッセージだとしても、それを受け取ったときの喜びは大きいものです。

「遠く離れていても、自分のことを思っていてくれたんだなあ」と感激し、それまで以上に愛が深まります。国際電話をもらうより、Eメールで一瞬にして思いが届くより、ずっとロマンチックな気分になります。そう、男性というのは案外、ロマンチックなやりとりに弱いのです。

また、ちょっとしたプレゼントにも弱いものです。「いつもご馳走してくれてあり

がとう」という感謝の言葉とともに、ささやかなお返しをしてみてください。たった五百円のチョコレートでも、五万円くらいの価値を持ちます。

あなたは、「自分は魅力的ないい女、だから恋人に良くしてもらって当然」と思っていていいのですが、**相手に対する感謝の気持ちを上手に表現できると、さらに愛される女性になっていけます。**

「もっともっと良くしてもらいたい、だから自分も相手に良くしてあげよう」と考えられる女性になってください。その気持ちさえあれば、ふとした会話やふるまいに、細やかな心づかいがあらわれてきます。

彼にドアを開けてもらったり、重い荷物を持ってもらったりしたときなど、「ありがとう」と言える。彼が大奮発して高級レストランへ連れていってくれたときにも、「すごくおいしかった、どうもありがとう」と素直に喜びをあらわす。女性のそういうところを、男性はしっかりと見ています。

「彼女が喜んでくれると、すごくうれしい。もっと良くしてあげたい」という気持ちになり、張りきってお金を稼ぐようになるのです。

男をいつも「ほんの少し」だけ欲求不満にさせておく

どれほど彼を好きになっても、セックスに溺れないように心がける必要があります。というのも、人間にとって性の喜びは、まるで底なし沼のようなものだからです。ひたすら性に溺れてしまうと、ただ疲労感だけが残り、肉体的な老化が促進されてしまいます。また、特に男性は、いつも性欲が満たされた状態にあると、夢を思い描いたり、思考したりする能力が落ちてしまいます。つまり、頭の中がまるで空っぽのようになってしまうのです。

彼をそんなエンプティ男にしないために、性交渉の頻度は女性のペースに合わせていってください。**彼が一日に何度も求めてきても、女性のあなたがその気にならないときは断っていいのです。**

そして、彼をいつもほんの少しだけ欲求不満にさせておくくらいで、ちょうどよいのです。そうすれば、彼はその性エネルギーを将来の夢へと向かわせることができます。

性をコントロールするというのは、回数よりも質を人事にしていくということです。大好きな彼を丸ごと愛し、彼もあなたを丸ごと愛し、お互いに慈しみあえるような、素敵なひとときをつくっていってください。ベッドへ行きつくまでの時間をたっぷりととり、気分を盛り上げる会話を楽しんでください。

そうして質の良いセックスを求めていくと、快楽ホルモンが噴出します。セックスの後も、とても満ち足りた気分が続きます。この幸福感と充実感が人に大きな自信を与えます。女性がどんどん美しく可愛らしくなっていくというのも、すでに述べたとおりです。男性の場合で言うなら、精悍で頼りがいのある男に成長していきます。難しい仕事もバリバリこなすようになりますし、さらに大きな成功を手に入れたいという野心が芽生えます。恋をしても性に溺れず、いいセックスを追求していく。これは、「恋とお金の法則」から言って、とても大事なことです。

セックスの前後は、ふたりでこのサプリメントを

人間にとってのセックスとは、一生懸命に頭を使った者に対して、神様が与えてく

れたごほうびのようなものです。

何かを必死で考えたり、神経を使ったりすると、脳に疲労がたまります。特に間脳のあたりには、睡眠をとっただけでは解消しきれない疲れが残ります。その疲労を解消し、脳に解放感を与えてくれるのが、いいセックスなのです。

いいセックスというのは、単なる肉欲の発散ではなく、身も心も愛情いっぱいに満たされるようなものだということは、よくおわかりのはずですね。

しかし、どれほど愛があっても、性行為そのものは、身体にとって有害な要素があります。オルガスムの数秒間は呼吸が止まり、無酸素に近い状態となってしまうのです。このとき体内では、あっという間に活性酸素が増えます。

活性酸素というものは、不飽和脂肪酸と結びついて過酸化脂質となり、細胞内のタンパク質に付着してこれを変質させます。また、細胞膜では膜に目づまりを起こさせ、老廃物の排泄がうまくいかなくなります。老人性のシミ、汚れなどがこれです。脳の機能が低下して思考力や記憶力が鈍くなるのも、過酸化脂質が脳細胞に付着することによって引き起こされます。

早い話が、活性酸素が大量に発生すると、脳や身体のサビの原因となり、老化を早めてしまうのです。そんな活性酸素の害を消去するために、抗酸化力のある食品およびサプリメントをつとめて摂取する習慣をつけてください。野菜、果物をできるだけ多く食べる。サプリメントは、**ビタミンCを一日二〇〇〇ミリグラム、ビタミンEを二〇〇ミリグラム、コエンザイムQ10を一〇〇ミリグラム**を目安に摂取するとよいでしょう。一日に必要なサプリメントはまとめて摂取するのではなく、何回かに分けて食事のたびに摂る。セックスの前後にも摂取する。セックスによってもたらされる活性酸素の弊害から身を守るために、彼とふたりで実行してください。

男は「こんな愛」に飢えている

恋のはじめの三カ月ほどは、まさに「メロメロ」「アツアツ」で、熱に浮かされたような状態が続きます。自分の恋人こそ世界一のいい男で、ものすごい才能や能力を秘めていると思い込むことができます。

だからこそ、「自分たちに不可能はない」「何だってできるし、どれほど大きな夢もかなえていける」と確信することができるのです。

やがて時がたつと、心は落ち着きを取り戻します。少し冷静になって相手を眺めてみると、意外にも普通の人だったと気づくかもしれません。しかし、そこで気持ちをダウンさせてしまうと、「恋とお金の法則」を活かしきることができません。

では、どうするのがよいのか。それは、夢中になって相手のことばかり見つめていた自分から一歩前進して、自分と相手という、ふたりの関係性の中に未来の夢を見出していくことです。

実は、このように少し冷静さを取り戻した時期こそ、女性が男性を大きく成長させられる最大のチャンスなのです。まるで嵐のような恋の情熱がおさまり、心の余裕を取り戻した女性。そんな女性に、自分の本当の姿を丸ごと認めてもらい、受けとめてもらうことほど、男性にとってうれしいことはありません。思いやりの気持ち、やさしさ、あたたかさに触れるたびにたちまち惚れ直してしまいます。

「お仕事、きっとうまくいくわよ」

「疲れたら、無理しないで早く休んでね」

「将来、必ず大成する。だって私がついているもの」

こんな言葉の数々で、彼を包み込んであげてください。「彼女は俺に恋している」

という思いは、間違いなく男性を駆り立てますが、「自分はとことん愛されている」と実感するとき、身体の奥深くから強烈な自信が湧き起こり、さらにパワーアップしていくことができるのです。

愛され続けるための絶対条件

恋が愛へと発展し、ふたりの関係がずっと続いていくとき、そこに深い安心感と揺るぎのない信頼が生まれます。

「彼は、何があっても私を愛し続けてくれる」

「彼女は、どんな場合にも支えてくれる。彼女がいてくれるから頑張れる」

お互いにそう思える間柄になったら、ほどなく結婚へと進むはずです。結婚してからも、愛はさらに強く大きく育っていきます。なぜなら、愛は心が生み出すエネルギーだからです。そのエネルギーは、使っても使っても減ることなく、ますます強くなっていくものだからです。

「愛は長続きする、幸福も長続きする」という考えを選んでください。

そういう前向きな考えを選択できる人の前に、幸福の扉は開かれます。

物理学者として出発し、ストレス学説を打ち立てたことで世界的に知られるセリエ博士もこう語っています。

「幸せになりたかったら、愛と善意を蓄えなさい。そうすれば、あなたの家は幸福の貯蔵庫になります」

つまり、幸せをかなえる絶対条件は愛と善意なのです。自分の配偶者、家族、隣人、友人たちを思いやって助けるように努めていると、いつの間にか自然と、より裕福で、より満ち足りた暮らしが実現されます。

そうして愛情豊かで裕福な結婚生活を送りつつ、つねに異性を意識して、恋のパワーで輝いていける人生は最高です。女性が身も心も満たされて本当に幸せになっていくためには、いくつになっても、素敵な恋とたくさんのお金が絶対に必要なのです。

その幸せのすべてを、あますところなく手に入れていきましょう。「恋とお金の法則」を活用して、最高に美しく輝く幸せな自分を目指して生きていきましょう。そして、ひとりでも多くの男性に、生きる喜びと幸せを与えてあげてください。素敵な女性と男性が出会い、満たし満たされる関係をつくっていくことこそ、人生の理想です。

Chapter10

覚えておきたい価値ある知識

Point

「男に追わせろ」というのは、ある意味で正しい解釈です。けれど、追いかける行為は、男にとって遊びに過ぎません。いい男ほど、最愛の人に「獲物」を運んでほめてもらいたがるものです。

男が女のために頑張ったときは、少し大げさなくらいにほめてあげましょう。彼はますます張りきって、あなたのために稼ぐようになります。

男は、性欲が完全に満たされると、頭が空っぽになってしまいます。ですからセックスは、女性のあなたのペースでいくとよいでしょう。彼をちょっと欲求不満にしておくくらいでいいのです。

セックスの前後は、老化を防ぐビタミンC・E、コエンザイムQ10などのサプリメントを摂りましょう。

恋の熱から少し冷め、彼の本当の姿や実力が見えてきたときこそ、彼を丸ごとほめてあげましょう。恋とお金の法則がはたらき、男はどんどん成長します。

「愛は長続きする」「幸せも長続きする」という考えを選びましょう。つねに前向きな考えを選ぶ人のもとに、真の幸福は訪れます。

おわりに
――あなたも絶対、「恋とお金の勝ち組」になれる！

最後まで読んでいただき、ありがとうございます。

楽しんでいただけましたか？

「恋をしないと損をする！　私も素敵な恋を見つけに行こう！」と気分が上向いてきましたか？

もしそうなら、それはあなたの中で恋愛革命が起きたという証拠です。恋愛スイッチがＯＮになり、「恋とお金の勝ち組」になる準備が整ったというサインなのです。

準備ができたら、後は実践あるのみです。さっそく恋をしましょう。

「この人、素敵！」と思える相手を見つけるだけでもいいのです。たとえそれが片思いでも、はかなく短い恋だったとしても、恋をしたというそのことだけで、あなたの魅力は一段とパワーアップします。

「好きな人」がいると、脳も心も身体も元気になります。だからますますキレイになり、男性の心をとりこにする能力や才能がいっそう高まります。

また、感性が豊かになり、それまで見えなかったことまで見えてくるようになります。そして、心の中に眠っていたビッグな夢を引き出せるようになります。それが「恋とお金の勝ち組」になるということです。

あなたも必ず、「恋とお金の勝ち組」になることができます。

これまで自分自身も気づかなかった夢や願望を次々と発見し、脳の自動目的達成装置にインプットすることができます。

すると、実際に夢がかない、その結果としてお金もたくさん手に入れることができます。

さあ、あなたも、今ある現実を超えてもっともっと幸せになっていってください。

あなたが幸せになればなるほど、さらなる幸せが押し寄せてきます。

かつては考えもつかなかったような素晴らしい男性に出会って愛され、心の底から満足のいく関係を築き、夢をかなえることができるはずです。「恋とお金の勝ち組」になる究極の目的は、ここにこそあるでしょう！

すべての女性が素敵な恋をし、幸せいっぱいの人生を満喫してくださることを、著者として、また男性の一人として、心から願っています。

熱海にて　**佐藤富雄**

本書は、全日出版より刊行された『愛されてお金持ちになる魔法の言葉』を文庫収録にあたり加筆・改筆したものです。

愛《あい》されてお金《かね》持《も》ちになる
魔法《まほう》の言葉《ことば》

著者　佐藤富雄（さとう・とみお）
発行者　押鐘冨士雄
発行所　株式会社三笠書房
〒112-0004 東京都文京区後楽1-4-14
電話　03-3814-1161（営業部）03-3814-1181（編集部）
振替　00130-8-22096　http://www.mikasashobo.co.jp
印刷　誠宏印刷
製本　宮田製本

 ISBN4-8379-6367-6 C0130

落丁・乱丁本は当社営業部宛にお送りください。お取替えいたします。
定価・発行日はカバーに表示してあります。

王様文庫

トップモデルが明かす
体が生まれ変わる「キレイ生活」
宇佐美恵子

化粧品やエステでつくった美しさは、やめてしまえばそこでおしまい。でも本書の方法は違います！　一日試せば一日分のキレイ、一週間続ければ一週間分のキレイが、あなたの「魅力」として備わっていくのです。効果はまさに劇的！　あなた本来の美しさを引き出すヒントが満載！

眠りながら「綺麗」になる本
西原克成

眠る前に読めば、翌朝、劇的に変わっているかもしれません！　◆あお向けに寝る「寝相」　◆左右均等に食べものをかむ「かみ方」　◆必ず鼻で呼吸する「呼吸法」――「この3つを実行するだけで、あこがれの顔、プロポーションに即効果あり！」の、夢のような本！

心理学の先生が教える
「読む」だけダイエット
市村操一
小澤まや

「いつのまにか10キロ減」「ウエストがマイナス20センチ」――無理も我慢もいらない、でも確実にシェイプアップできる魔法のダイエットを紹介します！　「気持ち」が変われば「体」が変わる！　簡単にやせる理由は「頭の中」にある！　この1冊で驚きの効果が手に入ります。

K30056

知的生きかた文庫

「思いどおりの自分」をつくる言葉の心理学メソッド

運命は「口ぐせ」で決まる

医学博士・理学博士・農学博士

佐藤富雄の本

佐藤富雄の「ツキ」の法則！

「言葉にしたことが現実になる」〝口ぐせ〟の心理学

いい〝口ぐせ〟が「成功する脳」をつくる。
「運を引きよせる体質」をつくる。

- ■「口ぐせ」がエンドルフィンを分泌する
- ■運をつかむ人は語彙が豊か
- ■「飲み屋での会話」があなたの人生を決めている!?
- ■〝一段上のレベル〟に行く人のものの見方
- ■〝六回〟口に出した言葉は、完全に脳に入る
- ■「人に話す」は、実は「自分に話している」
- ■「いいこと」が起こる人の24時間

この〝口ぐせ〟の科学が、あなたを変える
——ツイてる人・ツイてない人

- ■誰もが持っている「勝ち組遺伝子」の秘密
- ■あなたが望む「若さ・美・丈夫な体」はすべて手に入る
- ■〝1日15分のイメージング〟で人生が書き換えられる！
- ■ツキまくる人に共通する口グセとは……
- ■成功を手にしたいなら、まずは〝言葉力〟を身につけよう
- ■〝なりたい人物像〟を細胞にも覚えさせよう

C20007